스 윙 밴 드 와   함 께 하 는

파크골프 定石

스윙밴드와 함께하는
파크골프 定石

양진영·황도경 지음

좋은땅

프롤로그(Prologue)

파크골프는 중심이 잡힌 원 운동입니다.

즉, 스윙 내내 일정한 반지름을 유지하여 샷을 만들어 내는 것이 일관된 스윙을 만들어 내는 기초 중의 기초입니다. 하지만 대다수의 파크골퍼는 일관된 스윙을 구사하는 것에 우선시하기보다는 강한 스트로크로 스윙을 만들어 내려는 성향이 매우 강합니다.

Zero Point 스윙에서는 중심이 잡힌 원 운동의 기초를 제로포인트 밴드를 통하여 쉽게 이해하고 몸에 습득할 수 있도록 체계적이고 심플한 이론을 제시하려 합니다.

첫째, 파크골프 스윙의 원리 이해를 통해 어떻게 해야 하는가에(HOW) 앞서 반드시 왜 해야 하는지에 대해(WHY) 쉽게 정리를 했습니다.

둘째, 스윙은 결국 몸과 채가 결합하여 만들어 내는 퍼포먼스이며, 이를 완성함에 있어 근본적으로 스윙을 방해하는 요인(저항)에 대한 이해를 4가지로 분류하여 정의합니다.

셋째, 위 제시된 4가지 저항에 대해 Zero Point 스윙밴드를 통해 제거할 수 있는 방법과 이유에 대해 정의합니다.

결국 저자는 **"파크골프란? 스윙을 방해하는 3대 저항을 없애고 템포(리듬)저항을 일관되게 만들어 내는 원리"**라는 것을 **"골퍼 스스로 자각할 수 있는 센서(보조도구)"**를 개발하였으며, 그 명칭을 Zero Point 스윙밴드(파크골프 스윙밴드)라 칭하고 전파하고자 합니다.

이름 그대로 Zero Point 스윙이란?

Zero Point 스윙밴드라는 보조도구를 통해 스윙을 방해하는 요소(4대저항)를 "ZERO"화시키는 영점(Zero Point)을 찾는 이론을 정립하였습니다. 이 이론은 기존 파크골프의 이론과 전혀 다르지 않으며, 기존의 수많은 교습 이론을 심플하게 정리하여 그 이론을 제대로 구현하기 위해 가장 필요한 **기본 중의 기본을 만들어 낼 수 있는 과학적인 기초이론을 제시**합니다.

즉, 첫 단추가 잘 끼워져야 나머지 단추가 잘 끼워지듯이 파크골프 스윙 또한 스윙을 방해하는 저항요소를 제거함으로써 수많은 오류(보상)동작을 만들어 낼 수 있는 원인이 되는 스윙의 첫 단추를 잘 끼울 수 있도록 하는 과학적인 기초이론입니다.

Zero Point 스윙밴드는 매우 단순하지만 골퍼(파크골퍼)가 쉽게 간과할 수 있는 시계추 운동의 첫 단추를 끼울 수 있는 **영점(Zero Point)을 밴드의 장력(텐션)과 꼬임을 통해 스스로 자각**할 수 있도록 자가진단 도구역할을 수행할 것입니다.

결국 '축'과 '시계추'가 필수조건인 파크골프의 메커니즘을 일관성 있게 구현하기 위해 Zero Point Swing Band는 불필요한 저항을 제거하고, 몸이 "저항이 ZERO인" 영점을 기억하게 하여 일관된 샷을 구사할 수 있도록 스윙의 길라잡이 역할을 할 것입니다.

마지막으로 Zero Point 스윙은 최근 새롭게 떠오르는 파크골프 유저들에게 좀 더 심플하고 획기적인 이론으로서 좀 더 쉽게, 좀 더 심플하게 스윙의 메커니즘을 구사할 수 있는 도우미 역할뿐만 아니라, 밴드를 활용한 스트레칭과 밴드체조를 통해(부상방지, 가동범위 확장 등) 새로운 패러다임의 파크골프 문화를 조성하는 데 밑거름이 될 수 있기를 기원합니다.

주식회사 심촌 with Zero To Zero GOLFLAB.

목차

PART 0

왜 Zero Point인가?

일관성 붕괴의 근본 원인과
Zero Point 스윙의 필요성

파크골프 중급자 이상이 되면, 기본적인 스윙 자세는 갖추지만 여전히 거리나 방향성이 들쭉날쭉해지는 일관성 붕괴를 경험하게 됩니다. 이는 **'몸과 클럽에 걸리는 불필요한 저항'** 때문이며, 우리의 몸은 매번 이 저항을 다르게 느끼고 반응하기 때문에 일관성이 무너지는 것입니다.

1. 일관성 붕괴의 근본 원인 : '저항'

파크골프 스윙에서 일관성을 무너뜨리는 저항은 크게 세 가지로 나눌 수 있습니다. 이 저항들은 스윙 메커니즘을 근본적으로 방해합니다.

저항의 종류	발생 원인(파크골프)	스윙에 미치는 영향
1) 상·하 저항	헤드업, 몸이 들리는 행위, 퍼 올리려는 동작	축(Axis)이 무너져 스윙 궤도 전체가 흔들리고 타점(Sweet Spot)이 불안정
2) 축 저항	중심축(척추)이 흔들리거나, 팔과 몸이 분리	하나의 일체감 있는 회전이 아닌 개별적인 동작으로 스윙할 때 발생하는 내부 저항. 이는 파워 손실과 일관성 붕괴 초래
3) 토크 저항 (회전 저항)	손목을 인위적으로 사용 (돌리는) 동작	클럽 페이스가 임팩트 순간 열리거나 닫히며 방향성을 잃게 됨

→ 결국, **일관성이란 이 세 가지 저항이 'ZERO'인 상태**를 몸이 기억하고 재현하는 능력입니다.

이에 더해 제 4의 저항인 힘의 저항(템포저항)을 훈련하는 것은 이상적인 스윙을 만드는 마지막 필수요소입니다.

저항의 종류	발생 원인(파크골프)	스윙에 미치는 영향
4) 힘의 저항 (템포 저항)	공을 멀리 치려는 과도한 힘, 서두르는 동작	스윙 리듬이 깨져 일정한 가속이 불가능해지고, 몸의 움직임이 매번 달라짐.

2. Zero Point 스윙의 필요성 : 저항을 Zero로 만드는 근본 메커니즘

Zero Point 스윙은 클럽과 몸이 저항이 없는 완벽한 조화 상태를 만들고, 이 상태를 밴드의 장력과 꼬임이라는 물리적 피드백을 통해 체득하는 유일한 방법입니다.

핵심 컨셉	밴드의 역할 및 필요성	예시 이미지
컨셉 1: 매달고 (축 유지)	클럽을 왼팔에 정확하게 매달아 상·하 저항을 Zero로 만듭니다. 왼팔에 매달린 클럽은 축이 흔들려도 스스로 무게 중심을 잡으려는 성질을 갖게 됩니다.	
컨셉 2: 흔들고 (궤도 제어)	매달린 클럽을 밴드의 장력을 이용하여 시계추처럼 흔들어 토크 저항을 Zero로 만듭니다. 밴드가 팔과 몸통을 연결하여 인위적인 손목 사용을 막고 일관된 궤도를 만듭니다.	

컨셉 3: 휘두르고 (일관된 가속)	저항이 제거된 상태에서 스윙을 하면, 클럽의 저항과 몸의 저항이 Zero가 되어 일관된 가속이 가능해집니다. 몸은 비로소 공을 '때리는' 것이 아닌 '휘두르는' 느낌을 체득합니다.	

결론: Zero Point 스윙은 파크골프의 '교정기'

파크골프 심화 과정에서 Zero Point 스윙이 필요한 이유는 간단합니다.

일관성 붕괴는 잘못된 스윙 습관(저항)이 몸에 기억된 결과입니다. Zero Point Swing Band는 이 **잘못된 저항을 즉각적으로 피드백**하여 **몸이 스스로 저항 Zero의 상태를 찾아내도록 유도**하는 '**스윙 교정기**' 역할을 수행합니다. 이를 통해 독자들은 **불필요한 힘과 움직임을 제거**하고, 매번 **재현 가능한 근본적인 스윙 메커니즘을 완성**하게 될 것입니다.

> **KEY_POINT**
>
> 근본원리를 이해하지 못한 스윙은 반드시 어떤 방식으로든 보상동작을 만들어 낸다.

◆ 밴드 착용 전/후 스윙 궤도 비교 분석

제로포인트 스윙밴드의 **토크 저항 및 축 저항** 제거 효과를 가장 극적으로 보여 주는 핵심 시각 자료입니다.

1. 밴드 착용 전 : 저항이 개입된 궤도

시각적 특징	의미하는 저항 및 오류	교정 필요성 강조
Out-to-In 궤도	축 저항 및 토크 저항	클럽이 몸통 회전을 따르지 않고 밖에서 안으로 깎아 들어오는 현상. 슬라이스를 유발하는 가장 흔한 오류.
불규칙한 흔들림 (Erratic Path)	토크 저항	백스윙 탑이나 다운스윙 중 인위적인 손목 조작으로 클럽 헤드가 흔들리며, 일관된 원호(Arc)를 그리지 못함.
흔들리는 축	축 저항	몸의 축(척추)이 좌우 또는 상하로 흔들리며, 클럽 궤도가 몸의 중심을 벗어남.
결론	일관성이 전혀 없는 스윙, 예측 불가능한 미스샷(훅/슬라이스/탑볼) 발생.	

2. 밴드 착용 후 : 저항 Zero의 궤도

시각적 특징	의미하는 Zero Point 달성	교육적 효과 강조
In-to-In 궤도	궤도의 표준화 (Zero Resistance Path)	밴드가 TTBA 연결과 몸통 회전을 강제하여, 클럽 헤드가 축을 중심으로 가장 자연스러운 시계추 원호를 따라 움직임을 증명.
부드러운 원호 (Smooth Arc)	Zero 템포 및 릴리즈 Zero	밴드의 장력이 일정하게 유지되며, 인위적인 손목 개입 없이 클럽이 부드럽게 가속되는 Zero 템포가 구현됨.
견고한 축	수직 축 고정(Axis Zero)	밴드가 목과 그립을 잇는 장력을 통해 스웨이나 리버스 피벗 없이 몸의 축을 견고하게 고정시킴.
결론	예측 가능하고 일관된 스윙, 최대 에너지 효율로 인한 안정적인 비거리와 정확도 확보.	

착용 전　　　　　　　　　　　　　　착용 후

교재 활용 포인트

　제로포인트 스윙밴드는 단순한 교정 도구가 아니라, **스윙 메커니즘을 근본적으로 변화**시켜 **물리적 일관성**을 부여하는 '스윙 시스템'임을 증명하는 데 사용되어야 합니다.

- **설명문 강조** : "밴드 착용 전, 인위적인 힘에 의해 **토크 저항**과 **축 저항**이 발생하여 클럽 궤도가 불규칙합니다. 밴드 착용 후에는 밴드의 **장력**과 **꼬임**이 **3대 저항을** Zero로 만들어 **인-투-인 궤도가 자동으로 표준화**됨을 확인하십시오."

제로포인트(Zero Point) 이론 정의:
"저항이 ZERO인" 접점

제로포인트 스윙 이론에서 말하는 **"저항이 ZERO인" 접점**이란, 스윙의 특정 순간에 **몸에 걸리는 저항과 클럽에 걸리는 저항**이 완벽하게 상쇄되어 사라짐으로써 **일관되고 효율적인 스윙 궤도**를 만들어 내는 **지점**을 의미합니다.

이는 단순히 힘이 없는 상태가 아니라, 밴드(목-그립 연결)의 *꼬임(Torsion)과 장력(Tension)*을 이용하여 몸과 클럽을 하나의 시계추(Pendulum)처럼 일체화시켜 **불필요한 힘과 간섭을 제거**한 상태를 말합니다.

1. 몸에 걸리는 저항이 ZERO인 접점

일반적으로 스윙을 할 때 몸의 불필요한 움직임(예: 과도한 손목 사용, 몸의 상하 움직임)은 몸의 관절이나 근육에 원치 않는 **저항**을 발생시켜 스윙 일관성을 해칩니다.

- **제로포인트 스윙밴드의 역할** : 스윙밴드가 **목과 그립**을 연결함으로써, 스윙의 축(목)과 클럽(그립)이 **가장 짧고 안정적인 하나의 일직선**으로 유지되도록 강제합니다. 이로 인해 스윙 중 팔과 상체의 힘이 아닌, **중심축 회전력**을 자연스럽게 사용하게 되어 **몸통에 걸리는 불필요한 저항을 제로**로 만듭니다(상하저항).

2. 클럽에 걸리는 저항이 ZERO인 접점

    클럽의 저항은 스윙 궤도에서 클럽 헤드가 흔들리거나, 손목을 사용하여 클럽 헤드를 조작하려는 시도(예: 억지로 공을 맞추려는 동작)에서 발생합니다(스윙웨이트).

- **제로포인트의 역할**: 스윙밴드의 **장력**은 클럽이 손에 매달려 있는 듯한 **매다는**(Hanging) 느낌을 강화합니다. 이 상태에서 몸통을 중심으로 클럽을 **흔들 때**(Swinging), 밴드의 **꼬임**은 클럽 헤드의 무게 중심을 일정하게 유지하며 **시계추 스윙**을 구현하게 합니다. 그 결과, 클럽 헤드가 **스윙 궤도를 벗어나지 않고 중력에 의해 움직이는** 상태가 되어 **클럽에 걸리는 저항을 제로**로 만듭니다.

궁극적인 효과 : 일관된 스윙 달성

이 두 가지 저항(몸의 저항, 클럽의 저항)이 제로화되는 순간, 골퍼는 **최소한의 힘**으로 **일관된 궤도**와 **정확한 타이밍**을 확보하게 됩니다.

구분	일반적인 스윙(저항 발생)	제로포인트 스윙(저항 ZERO)
원리	힘으로 스윙 조작	밴드의 꼬임/장력을 이용한 시계추 운동
몸의 움직임	근육의 불필요한 긴장 및 저항 발생	중심축을 활용한 자연스러운 회전
클럽	손목 사용 등으로 클럽 헤드 흔들림	중력에 의해 일관된 궤도 유지(제로화)
결과	스윙의 일관성 저하	일관된 임팩트 및 방향성 향상

KEY_POINT

"매달고, 흔들고, 휘두르는" 세 가지 컨셉

◆ 제로포인트 스윙 이론의 핵심 목표 제시

제로포인트 스윙 이론은 파크골프 스윙에서 **일관성**과 **효율성**을 방해하는 모든 요소를 제거하여, 누구나 쉽고 빠르게 **반복 가능한 스윙 메커니즘**을 완성하는 것을 궁극적인 목표로 합니다.

이 목표를 달성하기 위해 **제로포인트 스윙밴드**를 활용한 훈련은 다음 세 가지 핵심 목표를 제시합니다.

1. 근본적인 오류 원인 제거 : 3대 저항 Zero

스윙 오류를 겉모습으로 교정하는 것이 아니라, 오류의 **근본 원인**인 3대 **저항**을 물리적으로 제어하여 Zero 상태를 만드는 데 집중합니다.

- **축 저항(Axis Resistance) Zero**: 밴드를 목과 그립에 연결하여 수직 축(척추)을 견고하게 고정하고, **스웨이**나 **리버스 피벗** 같은 축의 흔들림을 원천적으로 차단합니다 (**매달고, 흔들고**의 핵심).
- **상·하 저항(Vertical Resistance) Zero**: 클럽을 왼팔에 '**매달아(Hanging)**' 인위적인 힘을 제거하고, 스윙 내내 일정한 스윙 최저점(Low Point)을 유지하여 탑볼과 뒷땅을 방지합니다.
- **토크 저항(Torque Resistance) Zero**: 밴드의 **꼬임**과 **장력**을 이용해 인위적인 손목 조작(릴리즈)을 막고, 클럽 페이스가 **몸통 회전**에 의해 **자동으로 스퀘어**를 이루도록 유도합니다.
(**릴리즈 Zero**의 완성)

2. 스윙 메커니즘의 단순화: 시계추 원리 체득

복잡한 신체 움직임을 **밴드의 물리적 제어**하에 가장 단순하고 효율적인 '시계추 원리'로 표준화합니다.

- **몸의 가동 범위 단순화**: 몸을 클럽을 흔드는 '**회전하는 중심축**' 역할로 제한합니다. 팔과 손의 개입을 차단하고 TTBA(삼각형)와 **몸통의 연결**을 강화하여, 스윙을 **오직 중심축의 회전력**만으로 수행하게 합니다.
- **클럽의 움직임 단순화**: 클럽 헤드를 **중력과 관성**에 의해 움직이는 '매달린 시계추'로 정의합니다. Zero 템포에 맞춰 밴드의 장력 변화를 느끼며 **인-투-인 궤도**를 따라 움직이는 일관된 궤적을 몸에 각인시킵니다.

3. 실전 적용 및 자가 진단 능력 확보

밴드 훈련을 통해 얻은 **물리적 피드백 능력**을 코스 매니지먼트에 적용하여 어떤 상황에서도 일관된 결과를 만들어 냅니다.

- **거리 통제의 과학화**: 팔 힘이 아닌 **밴드 장력의 3단계 표준화**를 거리의 지표로 활용하여, 어떤 클럽으로도 일관된 거리와 속도를 예측 가능하게 합니다.
- **오류의 즉각 진단**: 스윙 직후 밴드의 불규칙한 장력(축 저항)이나 뒤틀림(토크 저항)을 확인함으로써, 훅, 슬라이스 등 오류의 원인을 즉시 찾아내고 수정하는 **자가 진단 능력**을 확보합니다.

결론적으로,
제로포인트 스윙밴드는 파크골프 스윙에서 '저항'을 제거하고 '일관성'을 부여하는 명쾌하고 과학적인 솔루션이며, 이 교재는 그 솔루션을 완성하기 위한 완벽한 사용자 설명서입니다.

제로포인트 스윙밴드
작동 원리 및 사용법(기초이론)

제로포인트 스윙밴드의 작동 원리는 스윙의 3대 저항을 물리적으로 제어하여 **몸과 클럽**을 '**저항 Zero**' 상태로 일체화시키는 데 있습니다.

1. 작동 원리: 밴드의 3대 기능

밴드는 단순히 팔을 묶는 것이 아니라, 스윙의 가장 중요한 두 축(**몸의 축: 목**과 **클럽의 축: 그립**)을 연결하여 스윙 메커니즘을 근본적으로 교정합니다.

핵심 기능	작동 원리	제거하는 저항
1. 장력 (Tension)	**밴드의 팽팽한 힘**이 목과 그립 사이의 거리를 일정하게 유지하도록 강제합니다.	축 저항(Sway/Reverse Pivot) 및 **상 · 하 저항**(Head-Up/Up-Down)
2. 꼬임 (Torsion)	클럽 페이스의 움직임에 따라 밴드가 **꼬이거나 풀리며**, 인위적인 손목 조작(Roll)을 물리적으로 제어합니다.	토크 저항(Hook/Slice)
3. 일체화 (Unitization)	팔과 몸을 하나로 묶어 TTBA(삼각형)의 연결성을 유지하고, 스윙을 **몸통 회전**만으로 주도하도록 강제합니다.	축 저항 및 **템포 저항**

2. 기본 사용법: '매달린 셋업' 만들기

밴드 사용의 첫 번째이자 가장 중요한 단계는 상 · 하 저항(Vertical Resistance)을 제거하는 '매달린 셋업(Hanging Setup)'을 만드는 것입니다.

단계	동작	밴드의 피드백(Zero Point 인지)
1	밴드 착용	밴드를 목에 걸고, 양 끝을 왼손으로 잡은 클럽 그립에 연결합니다(목-그립 연결).
2	클럽 매달기	왼팔을 편안하게 늘어뜨려 클럽 헤드의 무게를 왼팔에 온전히 의지합니다 **(클럽을 '들고' 있지 않아야 함).**
3	축 고정 확인	어드레스를 취한 후, 척추 각을 유지하며 머리를 고정합니다.

3. 스윙 3단계 적용법: 매달고-흔들고-휘두르고

밴드를 착용한 상태에서 **Zero 템포**에 맞춰 스윙의 세 가지 핵심 컨셉을 적용합니다.

1) 매달고(Hanging) &흔들고(Swinging) – 축 저항 ZERO

- **동작**: 다운스윙을 **팔 힘이 아닌 몸통 회전**으로 시작하고, 클럽을 **시계추처럼 흔듭니다**. 오른손은 왼팔을 따라가기만 합니다(왼팔 주도).
- **밴드 활용**: **밴드의 장력**을 이용하여 **축이 흔들리지 않도록** 강제합니다. 다운스윙 시 밴드 장력이 급격히 무너지거나 쏠린다면(템포 저항), 이는 축 저항이 발생했거나 팔 힘이 성급하게 들어갔다는 신호입니다.

매달고(상하저항)	(축저항)	흔들고(토크저항)

2) 궤도 표준화(In-to-In) – 토크 저항 ZERO

- **동작**: 클럽 헤드가 몸통 회전에 의해 **가장 부드러운 인-투-인 궤도**를 그리도록 합니다.
- **밴드 활용**: 밴드의 **꼬임** 변화에 집중합니다. 꼬임이 불규칙하거나 과도하게 뒤틀린다면, 손목을 사용해 클럽 페이스를 조작(토크 저항)했다는 명확한 피드백입니다. **꼬임이 부드럽게 유지되는** 상태를 목표로 합니다.

3) 휘두르고(Whipping) – 피니시 밸런스 완성

- **동작**: 임팩트 후 클럽을 관성으로 넘기고, **헤드업 없이** 왼발에 체중을 실어 3초간 피니시 밸런스를 유지합니다.
- **밴드 활용**: 밴드가 임팩트 후에도 상체가 들리는 것(상·하 저항)을 물리적으로 제어하여 **축고정**을 완성합니다. 피니시에서 밴드의 장력이 안정적인지 확인하여 스윙의 일관성을 최종 점검합니다.

PART 1

이론의 재정립: 파크골프 스윙의 물리와 저항

제로포인트 스윙밴드의 핵심 목표는 **저항을 제로화**하여 스윙 메커니즘을 **단순화**하는 것입니다. 이 단순화는 스윙을 구성하는 두 가지 주요 요소인 **몸의 가동 범위**와 **클럽의 움직임**을 근본적으로 이해하고 통합하는 데서 시작됩니다. 제로포인트 이론을 바탕으로 스윙 메커니즘의 단순화를 위한 **'몸의 가동 범위'**와 **'클럽의 움직임'**에 대해 구체적으로 알아보겠습니다.

CHAPTER 1

스윙 메커니즘의 단순화:
몸의 가동 범위 + 클럽의 움직임

1. 몸의 가동 범위: '회전하는 중심축(Axis)'으로 단순화

파크골프 스윙에서 몸의 역할은 복잡한 근육 운동이 아니라, **클럽을 효율적으로 움직이는 안정적인 중심축 역할**로 단순화되어야 합니다. 제로포인트 스윙밴드는 이 역할을 수행하도록 몸을 제한하고 안내합니다.

즉, 제로포인트 스윙 이론에서 몸의 가동 범위는 복잡한 근육 동작이 아니라, **클럽을 흔드는 중심축(Pivot)의 회전**으로 단순화됩니다.

핵심 정의 : 중심축 회전

- **몸의 역할**: 몸은 클럽을 휘두르는 **안정적인 중심축(척추)** 역할을 수행한다. 팔과 손이 클럽을 조작하는 것이 아니라, **몸통의 회전력**을 클럽에 전달하는 통로 역할만 한다.
- **이상적인 가동 범위**: 머리가 고정된 **척추를 중심**으로 어깨와 골반이 **대칭적인 원운동**을 하는 것이 이상적인 가동 범위이다.
- **저항 ZERO의 구현**: 제로포인트 스윙밴드는 목과 그립을 연결하여 팔이 몸에서 벗어나지 않도록 **제한한다.** 이로 인해 불필요한 손목 사용(저항 발생)을 차단하고, 스윙을 **오직 몸통의 회전으로만** 하게 만들어 **몸에 걸리는 저항을 제로로** 만든다.

교정 효과(팔과 몸의 일체화)

제로포인트 밴드를 착용하면 몸통이 회전하는 만큼만 팔이 움직이게 되어, 팔과 몸이 분리되지 않고 '한 덩어리(Unit)'로 움직이는 느낌을 즉각적으로 인지할 수 있습니다. 이는 스윙의 **근본적인 일관성**을 확보하는 기초가 됩니다.

단순화 관점	설명	제로포인트 밴드의 역할
복잡한 움직임 제거	팔과 손목의 개입(Flipping, Scooping)이나 과도한 체중 이동 등 불필요한 움직임을 최소화합니다.	밴드가 목과 그립을 묶어 팔이 몸에서 멀어지지 않도록 제한하여, 팔의 독립적인 움직임을 억제합니다.
핵심 가동 범위 확보	스윙의 축이 되는 척추를 중심으로 어깨와 골반이 회전하는 동작, 즉 몸통 스윙(Core Rotation)에 집중합니다.	밴드가 몸통과 클럽을 일체화시켜, 몸이 회전하는 만큼만 클럽이 움직이도록 안내합니다. 이는 곧 저항이 제로인 상태에서 몸의 가장 자연스러운 시계추(Pendulum) 운동 범위를 확보합니다.
결과	일관된 스윙 평면 유지 및 에너지 손실 방지를 통해 몸의 가동 범위를 최소화된, 필수적인 회전으로 단순화합니다.	

2. 시계추 원리 : '저항 없는 매달림(Hanging)', '중력에 매달린 시계추'로 단순화

클럽의 움직임은 골퍼의 의지나 힘으로 조작되는 것이 아니라, **중력의 영향을 받아 자연스럽게 움직이는 시계추**의 원리로 단순화되어야 합니다. 이것이 바로 '매달고, 흔들고, 휘두르는' 컨셉 중 **'매달고'와 '흔드는'** 원리입니다.

시계추 원리(Pendulum Principle)는 클럽의 움직임을 **중력에 의해 가장 효율적이고 일관되게 움직이는 상태**로 단순화하는 핵심 개념입니다.

이것이 바로 밴드의 주요 컨셉인 '매달고, 흔들고'에 해당합니다.

단순화 관점	설 명	제로포인트 밴드의 역할
클럽의 무게 인식	클럽을 손목이나 팔 힘으로 드는 것이 아니라, 왼팔(또는 리딩 암)에 정확히 매달아 (Hanging) 클럽 헤드의 무게를 느낍니다.	밴드의 장력이 클럽을 왼팔에 정확하게 매다는(저항 ZERO) 느낌을 극대화하여, 클럽을 조작하려는 힘을 제거합니다.
시계추 운동 구현	몸의 회전에 의한 클럽이 힘이 아닌 중력과 원심력을 따라 흔들리도록 합니다. 클럽 헤드의 움직임이 스윙 축을 중심으로 대칭적인 원호를 그리게 됩니다.	밴드의 꼬임이 클럽 헤드의 열림/닫힘 (로테이션)을 자연스럽게 유도하고, 장력은 클럽이 축에서 벗어나지 않고 일정한 궤적을 그리도록 잡아 줍니다. (완벽한 시계추 운동)
결과	클럽 페이스의 움직임이 단순화되고, 임팩트 시 클럽 헤드가 자동으로 스퀘어로 돌아오게 되어 일관된 타격(정타) 확률을 높입니다.	

핵심 정의 : 중력과 장력의 조화

- **클럽의 역할**: 클럽은 스윙 축(척추)에서 **일정 길이로 매달린 시계추**의 추가 된다. 클럽의 움직임은 인위적인 힘이 아닌 **중력과 원심력**의 지배를 받는다.
- **매달림(Hanging)의 중요성**: 스윙을 시작할 때 클럽을 왼팔(리딩 암)에 정확히 매달아 클럽 헤드의 무게를 느끼는 것이 중요하다. 이 상태는 클럽이 힘을 쓰지 않고 가장 편안하게 움직일 수 있는 **'저항이 제로인'** 접점을 의미한다.
- **밴드의 역할**:
- **장력**: **밴드의 장력**은 클럽이 왼팔에 정확히 매달려 저항 없이 흔들리는 **매달림 상태**를 강력하게 유지시켜 줍니다.
- **꼬임**: **밴드의 꼬임**은 클럽 헤드의 열림/닫힘(로테이션)을 적절히 조절하여, 클럽 헤드가 인위적인 조작 없이 스윙 궤도에서 벗어나지 않고 **일관된 궤적**을 그리도록 도와줍니다.

시계추 스윙의 장점

몸의 축을 중심으로 클럽이 **시계추처럼 흔들릴 때**, 클럽 헤드는 스윙의 가장 낮은 지점 (Low Point)에서 **가속을 극대화**하며 움직입니다. 이 과정에서 클럽을 조작하려는 **클럽에 걸리는 저항이 제로화**되어, 임팩트 시 클럽 페이스가 **자동으로 스퀘어**를 이루게 되는 것입니다.

단순화된 스윙 메커니즘의 결론

제로포인트 스윙은 몸의 가동 범위를 회전하는 안정적인 축으로 단순화하고, 클럽의 움직임을 저항 없이 흔들리는 시계추로 단순화합니다.

$$제로포인트\ 스윙 = (회전하는\ 중심축) \times (중력에\ 매달린\ 시계추)$$

이 두 요소의 통합은 **밴드의 도움**을 받아 불필요한 저항을 제거하고, 파크골프 스윙에서 가장 중요한 **일관된 궤도와 정타**를 확보하는 근본적인 메커니즘인 것이 가장 중요한 근본원리입니다. 또한 이 근본 원리를 지키지 않는 상태에서의 무한반복 훈련은 또 다른 보상동작과 불규칙성을 만들어 낸다는 것을 간과해서는 안 됩니다.

매달린 셋업 + 축고정 + 시계추 완성

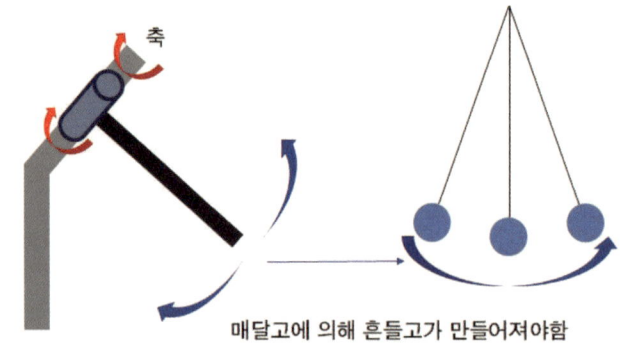

매달고 : 상~하 저항을 "zero"로 만드는 과정(왼손에 매달기)**(장력)**

상하 저항 Zero

축

매달고에 의해 흔들고가 만들어져야함

궁극적인 단순화의 효과: 근본적인 스윙 메커니즘 완성

제로포인트 스윙밴드를 통한 스윙 메커니즘의 단순화는 다음과 같은 근본적인 교정 효과를 가져옵니다.

① **일체감 형성**: 밴드가 몸의 회전(가동 범위)과 클럽의 궤적(움직임)을 하나의 시스템으로 **통합**하여 스윙의 **근본적인 원인**을 교정합니다.

② **힘의 효율성 극대화**: 팔이나 손의 힘 낭비 없이, **몸통의 중심 회전력**을 클럽에 100% 전달하게 되어, 파크골프채의 특성상 중요한 **정확한 타격**과 **방향성**이 확보하게 됩니다.

③ **반복성(일관성) 확보**: 모든 불필요한 저항을 제로화하여 매번 같은 궤도로 스윙할 수 있는 **일관성**을 파크골프 교재의 핵심 이론으로 확립할 수 있습니다.

이러한 '몸의 가동 범위 단순화'와 '클럽의 움직임 단순화'를 시각적인 예시와 함께 티칭할 때 초보자들도 스윙의 근본 메커니즘을 쉽게 이해할 수 있을 것입니다.

◆ 몸의 가동 범위와 시계추 원리 이미지 설명

이 이미지는 '회전하는 중심축(몸)'과 '중력에 매달린 시계추(클럽)'가 **제로포인트 스윙밴드**에 의해 결합되어, 불필요한 저항 없이 움직이는 원리를 보여 줍니다.

1. 이미지 구성(두 가지 핵심 요소의 통합)

요소	시각적 표현	제로포인트 이론의 적용
몸의 가동 범위 (중심축)	파크골프채를 든 캐릭터의 척추를 따라 수직선을 표시하고, 이 선을 중심으로 몸통이 회전하는 궤적(화살표)을 표시. (예: 어깨선과 골반선의 회전 경로)	수직 축 고정: 밴드가 목에 연결되어 이 축이 좌우 또는 상하로 흔들리지 않고 제자리를 지키며 회전함을 강조 (축 저항 ZERO).
클럽의 움직임 (시계추)	클럽 헤드가 스윙 궤도에서 그리는 이상적인 원호(Arc)를 푸른색이나 녹색의 부드러운 곡선으로 표시. 인-투-인 궤도를 암시.	매달린 시계추: 클럽이 인위적인 손목 조작 없이 이 원호를 따라 움직이며 저항 없이 흔들리는 모습을 강조(상·하 및 토크 저항 ZERO).
제로포인트 밴드	밴드가 목(축)과 그립을 연결하며 팽팽한 장력을 유지하는 모습. 밴드가 몸의 회전에 의해 클럽을 끌고 가는 듯한 시각적 연결 효과를 부여.	일체화: 밴드가 몸의 축 회전과 클럽 궤도를 하나의 시스템으로 통합하여, 스윙 전체가 Zero 템포로 연결됨을 증명.

2. 시각적 강조 및 교육적 효과

강조 포인트	설명
회전 화살표	몸통은 회전(Turning)하고, 클럽은 흔들리는(Swinging) 동작이 서로 조화롭게 이루어지는 것을 보여 줍니다. 몸통 회전이 클럽을 주도적으로 이끌고 있음을 강조합니다.
축의 견고함	척추를 중심으로 한 수직선이 스윙 전 과정(백스윙 중간 지점 또는 임팩트)에서 흔들림 없이 고정된 모습을 강조하여, 축 저항이 제거되었음을 명확히 보여 줍니다.
TTBA의 유지	양팔과 가슴이 이루는 TTBA(삼각형)가 몸통 회전과 함께 형태를 유지한 채 움직이는 것을 시각화하여, 팔의 독립적인 움직임이 차단되었음을 보여 줍니다.

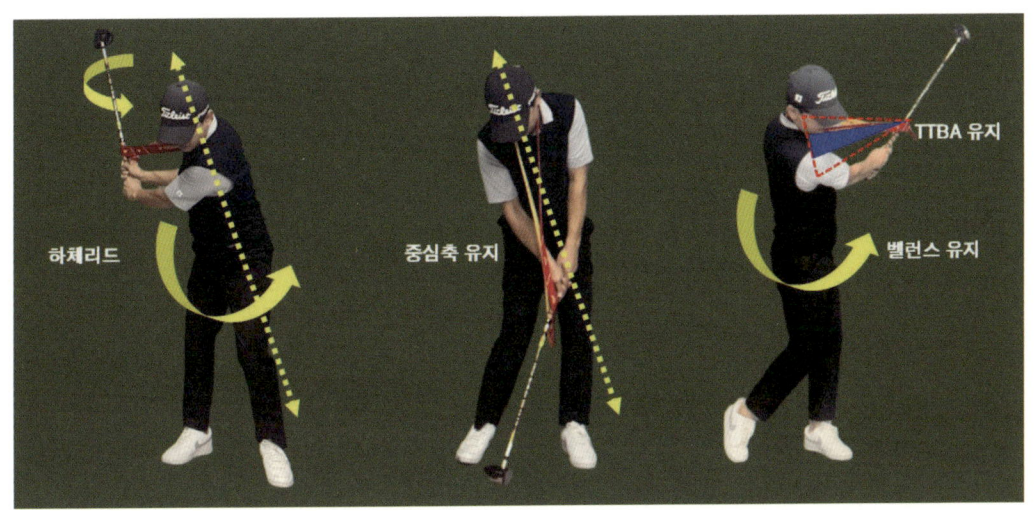

이 이미지는 **제로포인트 스윙밴드**가 어떻게 몸의 가동 범위(축 회전)와 클럽의 움직임 (시계추)을 결합하여 **저항 Zero** 스윙을 만들어 내는지에 대한 **가장 근본적이고 핵심적인 교육 자료**가 될 것입니다.

CHAPTER 2

파크골프 스윙의 3대 저항:
상·하 저항, 축 저항, 토크 저항

제로포인트 스윙밴드 교재에서는 스윙의 일관성을 해치는 핵심 요소인 '3대 저항'을 제로포인트 이론에 맞춰 명확하게 정의하고 설명해 드리겠습니다. 이 세 가지 저항은 스윙밴드가 궁극적으로 제거하고자 하는 **불필요한 힘과 간섭입니다.** 이론을 구체화하여 초보자도 쉽게 이해할 수 있도록 구성했습니다.

> **파크골프 스윙의 3대 저항(Three Major Resistances in Swing)**
> 제로포인트 스윙 이론에서는 일관된 궤도와 정타를 방해하는 주요 요소로 세 가지 저항을 정의합니다.

1. 상·하 저항(Vertical Resistance)

스윙 중 몸이 **위아래로 움직이거나(Sway, Up-and-Down)** 척추 각도가 변하여 발생하는 저항입니다. 이는 스윙의 최저점(Low Point)을 불규칙하게 만들어 정타(Sweet Spot Hitting)를 방해하는 가장 큰 원인이 됩니다.

• **발생 원인:**
– 공을 맞추기 위해 머리나 상체가 위로 솟아오르거나(Early Extension) 주저앉는 동작.
– 체중 이동 과정에서 상체가 불필요하게 좌우로 이동하는 동작(Lateral Sway).

- **스윙에 미치는 영향**: 클럽의 최저점이 불규칙하게 변하여 탑볼(Top)이나 **뒷땅(Fat)** 발생. 임팩트 시 클럽 페이스 중심에 공이 맞을 확률이 급격히 감소.

제로포인트 밴드의 역할(저항 ZERO 기법)

- 밴드가 목(축)과 **그립**을 연결하여 스윙 내내 **축의 일관성**을 강제합니다. 이는 몸의 상하 움직임을 억제하고, **안정적인 척추 각도**를 유지하게 하여 **상·하 저항을 제로**로 만듭니다.

저항이 Zero인 상태   밴드를 활용하여 저항 느끼기

클럽 헤드에 의한 저항

그립 파지에 따른 저항 Zero

2. 축 저항(Axis/Center Resistance)

스윙의 중심축(척추)이 흔들리거나, 팔과 몸이 분리되어 **하나의 일체감 있는 회전**이 아닌 개별적인 동작으로 스윙할 때 발생하는 내부 저항입니다. 이는 **파워 손실**과 **일관성 붕괴**로 이어집니다.

- **발생 원인**:
- 백스윙 시 몸통 회전 없이 팔만 드는 동작(Lifting)이나, 축이 타깃 방향으로 기울어지는 동작(Reverse Pivot).
- 다운스윙 시 몸통이 멈추고 팔만 휘두르는 동작(Casting)으로 인해 몸과 클럽의 연결성이 끊어짐.
- **스윙에 미치는 영향**: 스윙의 에너지 전달 효율이 떨어져 비거리 손실 발생. 매번 스윙의 궤도와 타이밍이 달라져 일관성이 붕괴됨.

제로포인트 밴드의 역할(저항 ZERO 기법)

- 밴드가 목(축)과 **그립**을 연결하여 몸의 회전(가동 범위)과 클럽의 움직임을 **하나의 덩어리로 통합**합니다. 클럽을 **왼팔에 매달아(Hanging)** 저항을 없애는 기법을 통해 **팔과 몸의 일체감**을 높이고, 축이 흔들리는 **축 저항을 제로**로 만듭니다(몸의 가동 범위 단순화).

3. 토크 저항(Torque/Rotation Resistance)

클럽 헤드가 스윙 궤도에서 벗어나거나, 임팩트 순간 **클럽 페이스가 열리거나 닫히려는 힘** 때문에 발생하는 저항입니다. 이는 **방향성**을 해치는 주범입니다.

- **발생 원인**:
- 테이크어웨이나 백스윙 시 손목을 인위적으로 돌려 클럽 페이스가 과도하게 열리거나 닫히는 동작(Manipulating the Clubface).
- 임팩트 순간, 클럽 페이스를 조작하여 공을 때리려는 시도로 인해 발생하는 클럽 헤드의 비틀림.

- **스윙에 미치는 영향**: 슬라이스(Slice) 또는 훅(Hook)과 같은 심각한 방향성 오차 발생. 특히 파크골프채는 헤드가 커서 토크 저항에 더 민감함.

제로포인트 밴드의 역할(저항 ZERO 기법)

- 밴드의 꼬임(Torsion)을 활용하여 클럽 헤드가 인위적인 조작 없이 스윙 궤도를 따라 **가장 자연스럽게 로테이션**되도록 유도합니다. 클럽을 **시계추처럼 흔들게(Swinging)** 하여 손목 개입을 차단하고, **토크 저항을 제로로** 만듭니다(클럽의 움직임 단순화).

제로포인트 스윙밴드는 목(스윙의 축)과 **클럽 그립**을 연결하는 독특한 구조를 통해, 스윙에 내재된 세 가지 저항을 물리적, 기계적으로 제거합니다.

1. 상·하 저항(Vertical Resistance) ZERO화

상·하 저항은 스윙 축의 불필요한 상하 움직임으로 인해 발생합니다.

- **저항 ZERO 기법: 축의 고정과 연결(The Axis Lock)**
- **물리적 제어**: 밴드가 목과 그립을 팽팽하게 연결하여, 스윙 중 척추 각도나 머리 위치를 인위적으로 바꾸려는 모든 움직임에 **즉각적인 장력**으로 저항합니다.
- **자동 교정 효과**: 클럽을 '**매달고(Hanging)**' 있는 상태를 유지하려면, 골퍼는 자연스럽게 머리를 축으로 고정하고 **안정적인 척추 각도**를 유지해야만 합니다. 이는 상하 움직임을 원천적으로 차단하여 **스윙 최저점(Low Point)을 일정하게** 만들어 정타를 유도합니다.
- **결과: 일관된 임팩트** 확보.

2. 축 저항(Axis/Center Resistance) ZERO화

축 저항은 몸통과 팔의 분리, 즉 스윙의 일체감 붕괴로 인해 발생합니다.

• **저항 ZERO 기법: 몸과 클럽의 일체화(The Unitizer)**
- **연결성 강화**: 밴드가 스윙의 축인 **목**과 힘을 전달하는 **그립**을 직접 연결함으로써, 팔이 몸통 회전보다 빠르거나 느리게 움직이는 **분리 현상**을 물리적으로 방지합니다.
- **자동 교정 효과**: 팔과 몸이 하나의 덩어리(Unit)처럼 움직이도록 강제하여, 모든 스윙 에너지가 **중심 축의 회전력**에서 나오도록 유도합니다. 이는 팔의 힘 낭비를 막고, 클럽을 **가장 효율적인 궤도**로 움직이게 하여 **파워 손실과 일관성 붕괴를 제로**로 만듭니다.
- **결과**: 일관된 궤도와 파워 확보.

3. 토크 저항(Torque/Rotation Resistance) ZERO화

토크 저항은 손목의 과도한 사용으로 클럽 페이스가 열리거나 닫히려는 비틀림 현상입니다.

- 저항 ZERO 기법: 밴드의 꼬임과 장력 활용(The Torsion Guide)
- 기계적 안내: 밴드가 **목과 그립**을 잡아당기며 발생하는 '꼬임(Torsion)'과 '장력 (Tension)'은 손목을 사용해 클럽을 돌리려는(Roll) 동작을 억제하고, 클럽이 스윙 궤도에서 벗어나지 않도록 **강제적인 가이드 역할**을 합니다.
- **자동 교정 효과**: 골퍼는 밴드의 꼬임과 장력을 느끼며, 인위적으로 손목을 사용하지 않고 몸통 회전(Core Rotation)만으로 클럽을 '**흔들게(Swinging)**' 됩니다. 클럽 페이스는 밴드의 안내에 따라 자연스럽게 열리고 닫히는 **시계추 운동**을 하게 되어, 임팩트 시 **자동으로 스퀘어**를 만듭니다.
- **결과**: 일관된 방향성 확보.

이미지의 핵심 포인트	제로포인트 이론과의 연결
백스윙 시 하체 밀림	척추를 중심으로 회전해야 할 몸의 축이 타겟 반대 방향(오른쪽)으로 과도하게 밀리는 모습 강조.
축 저항 발생	축이 무너지면서 몸과 클럽의 일체감이 깨지고, 힘이 클럽에 제대로 전달되지 못함(축 저항 발생).
결과적 문제	몸이 중심을 잃어 상·하 저항과 토크 저항까지 유발하여 스윙 전체의 일관성이 붕괴됨.
밴드의 필요성 강조	이 자세 바로 옆에 제로포인트 스윙밴드를 착용한 올바른 자세를 배치하여, 밴드가 축을 고정해 축 저항을 제로로 만드는 원리를 시각적으로 대비시키면 효과적입니다.

교재에서의 이론적 근거와 밴드의 필요성

이러한 **3대 저항 ZERO화 기법**은 파크골프 교재에서 제로포인트 스윙밴드의 존재 이유를 명확히 제시합니다.

이론적 근거 (Rationale)	밴드의 필요성(Necessity)
스윙 메커니즘의 근본적 이해	눈에 보이지 않는 '저항'이라는 스윙의 문제 원인을 명확히 정의하고, 이를 제거하는 해결책을 제시.
자동 교정 효과	말로 설명하거나 이미지만으로 교정하기 힘든 손목 조작(토크), 축의 흔들림(상·하/축) 문제를 물리적인 장력과 꼬임으로 즉각 교정하여 잘못된 동작을 원천 봉쇄.
일관성 확보의 지름길	불필요한 저항을 제거함으로써, 아마추어 골퍼(파크골프 초보자 포함)가 가장 어려워하는 반복 가능한 스윙(일관성)을 가장 빠르고 쉽게 체득할 수 있는 '훈련 보조 도구'임을 강조.

결론적으로,

제로포인트 스윙밴드는 3대 저항을 제로화함으로써 **스윙을 근본적으로 단순화**하고, 초보자도 **일관된 시계추 스윙 메커니즘**을 즉시 몸으로 느낄 수 있도록 설계된 **필수 교정 도구**입니다.

> **KEY_POINT**
>
> 스윙을 방해하는 3대 저항이 Zero인 상태를 만드는 것이 스윙의 기초(첫 단추)

◆ 밴드 없이 스웨이(축 저항) 발생 시 잘못된 자세 예시

이 이미지는 **제로포인트 스윙밴드**가 없을 때, 백스윙 중 스웨이(Sway)가 발생하여 **축 저항**이 극대화되는 모습을 극명하게 보여 줍니다.

1. 이미지 구성(잘못된 축 이동 강조)

요소	시각적 표현	축 저항의 발생 및 문제점
캐릭터의 백스윙 자세	클럽을 들고 백스윙을 하는 중간 지점 또는 탑 직전의 자세.	스웨이가 명확하게 드러나는 시점.
몸의 중심축	어드레스 시 설정되었던 척추를 중심으로 한 가상의 수직선(점선)을 표시(예: 시작점).	이 선이 스윙 중 어떻게 이탈하는지 비교 기준 제공.
잘못된 축 이동	백스윙 중 몸의 중심이 타겟 반대 방향 (오른쪽)으로 밀려 나간 모습을 강조. 어드레스 시의 수직선에서 몸이 크게 벗어나 오른쪽으로 이동한 것을 보여 줍니다.	'축 저항' 발생: 스윙의 중심이 이동하여 몸과 클럽의 일체감(TTBA)이 깨지고, 안정적인 회전이 아닌 횡이동이 발생했음을 시각적으로 증명.
머리의 위치	머리가 어드레스 때보다 오른쪽으로 함께 밀려 나간 모습.	시선 고정 실패와 축 흔들림의 연쇄 반응.
하체의 불안정	오른쪽 무릎이 과도하게 펴지고, 왼쪽 무릎은 안쪽으로 심하게 무너지는 등 하체가 불안정하게 지탱되는 모습.	중심 이동으로 인한 하체 붕괴를 보여 줍니다.
TTBA의 붕괴	양팔과 가슴 상부가 이루는 TTBA(삼각형)가 몸통과 분리되어 형태를 잃고 어색하게 꺾인 모습.	팔이 몸통 회전을 따르지 못하고 독자적으로 움직였음을 보여 줍니다.

2. 시각적 강조 및 교육적 효과

강조 포인트	설명
노란색 경고선/화살표	어드레스 시의 축을 기준으로 몸이 오른쪽으로 밀려 나간 정도를 붉은색 화살표나 선으로 명확하게 표시하여, 스웨이의 심각성을 직관적으로 전달합니다.
'불안정' 이미지	캐릭터의 표정이나 전체적인 자세에서 불안정하고 힘이 실리지 않은 모습을 강조하여, 축 저항이 결국 파워 손실과 일관성 붕괴로 이어진다는 것을 암시합니다.

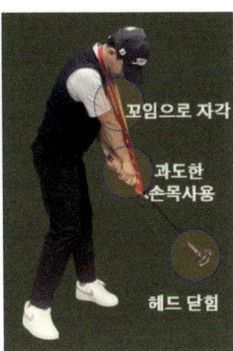

이 이미지는 독자들이 **제로포인트 스윙밴드**를 착용하지 않았을 때, 얼마나 쉽게 **축 저항**에 노출되는지 보여 줌으로써 밴드의 **'축 고정' 역할**의 **필요성과 효과**를 강력하게 인식시키는 데 결정적인 역할을 할 것입니다.

CHAPTER 3

저항 Zero 지점: 완벽한 임팩트의 순간

제로포인트 스윙 이론에서 '저항 Zero 지점'은 단순히 클럽 헤드가 공을 때리는 순간을 넘어섭니다. 이는 3대 저항(상·하, 축, 토크저항)이 완벽하게 상쇄되어 **몸과 클럽이 하나의 시계추처럼 작동하는 찰나**를 의미하며, 가장 효율적이고 일관된 **완벽한 임팩트**를 만들어 내는 핵심 원리입니다.

이 장에서는 저항 Zero 지점이 어떻게 형성되며, 이 순간에 골퍼가 무엇을 느끼고 클럽은 어떤 움직임을 보이는지 구체적으로 설명합니다.

1. 임팩트 순간: 3대 저항의 완벽한 상쇄

완벽한 임팩트의 순간, 즉 저항 Zero 지점은 백스윙부터 다운스윙을 거쳐 스윙의 최저점(Low Point)에 도달하는 순간에 이 세 가지 저항이 동시에 해소될 때 발생합니다.

저항	임팩트 시 ZERO화 상태	밴드의 역할
상·하 저항	척추 각도가 흔들리지 않고 가장 안정된 상태를 유지하여 클럽의 최저점이 공의 위치에 정확히 일치합니다.	밴드가 축을 고정시켜 '흔들림 없는 일정한 높이'를 유지합니다.
축 저항	몸의 회전과 클럽의 움직임이 하나의 연결된 시스템으로 작용하여 파워 손실 없이 에너지가 공에 집중됩니다.	밴드가 몸과 클럽을 일체화시켜 힘의 분산을 막고 전달 효율을 극대화합니다.
토크 저항	클럽 헤드가 인위적인 조작 없이 스윙 궤도에 따라 움직여 클럽 페이스가 목표 방향에 정확히 스퀘어를 이룹니다.	밴드의 꼬임과 장력이 손목의 개입을 막아 클럽 페이스를 자동으로 정렬합니다.

상하저항 Zero	축 저항 Zero	토크저항 Zero

이미지의 핵심 포인트	제로포인트 이론과의 연결
백스윙 시 하체 밀림	척추를 중심으로 회전해야 할 몸의 축이 타겟 반대 방향(오른쪽)으로 과도하게 밀리는 모습 강조.
축 저항 발생	축이 무너지면서 몸과 클럽의 일체감이 깨지고, 힘이 클럽에 제대로 전달되지 못함(축 저항 발생).
결과적 문제	몸이 중심을 잃어 상·하 저항과 토크 저항까지 유발하여 스윙 전체의 일관성이 붕괴됨.
밴드의 필요성 강조	이 자세 바로 옆에 제로포인트 스윙밴드를 착용한 올바른 자세를 배치하여, 밴드가 축을 고정해 축 저항을 제로로 만드는 원리를 시각적으로 대비시키면 효과적입니다.

☞ **저항 Zero 지점의 느낌**: 골퍼는 이 순간 '저항이 사라진 깨끗한 통과(Clean Passage)'의 느낌을 받습니다. 클럽이 손에서 무겁게 느껴지지 않고, 공이 클럽 페이스에 묻어 나가는 듯한 **묵직하지만 부드러운 타격감**을 경험하게 됩니다.

2. 시계추 원리의 완성: 관성(Momentum)의 극대화

저항 Zero 지점은 클럽이 **시계추 원리**를 완벽하게 구현하는 순간입니다.

- **매달림(Hanging)의 효과**: 백스윙부터 클럽을 왼팔에 **매달아(저항 Zero 상태)** 유지했기 때문에, 임팩트 순간에도 클럽을 **인위적으로 때리려는 힘**이 작용하지 않습니다. 클럽 헤드는 **중력과 관성**에 의해 가장 빠르게 지나가게 됩니다.
- **흔들림(Swinging)의 역할**: 몸의 회전이 클럽을 **흔들어(Swinging)** 주는 역할만 수행하며, 이 관성 모멘텀이 최대치에 달했을 때 공을 맞힙니다.
- **파크골프에서의 의미**: 파크골프는 긴 비거리보다 **정확한 방향성**과 **일관된 타격**이 생명입니다. 클럽을 조작하는 대신 시계추 원리로 **관성을 이용해 정타**를 만들어 내면, 힘들이지 않고도 원하는 방향으로 공을 정확히 보낼 수 있습니다.

3. 완벽한 임팩트 자세의 특징

저항 Zero 지점, 즉 완벽한 임팩트의 순간에 나타나는 주요 자세적 특징은 다음과 같습니다.

- **흔들림 없는 축(The Stable Axis)**: 머리가 공보다 뒤에 위치하며, 척추 각도가 어드레스 때와 거의 동일하게 유지됩니다(**상·하 저항 ZERO**).
- **왼팔과 샤프트의 일직선(The Power Line)**: 임팩트 직전~직후까지 클럽 샤프트와 왼팔이 거의 일직선을 이루며, 손목이 꺾이거나 풀리는 동작(Casting)이 나타나지 않습니다(강한 **축 저항 ZERO**).
- **페이스의 스퀘어(The Square Face)**: 클럽 페이스가 목표 방향과 정확히 직각을 이루며 공을 타격합니다(**토크 저항 ZERO**).

- **몸의 리드(The Body Lead)**: 하체가 열리고(회전하고), 몸통이 클럽을 리드하여 임팩트를 지나고 있습니다. 이는 몸이 클럽을 **휘두르는(Whipping)** 힘의 근원입니다.

제로포인트 스윙밴드는 이러한 **저항 Zero 지점의 느낌과 자세**를 훈련하는 데 특화되어, 초보자도 짧은 시간 안에 '완벽한 임팩트의 순간'을 몸에 각인시킬 수 있게 돕는 **근본적인 교정 도구**입니다.

KEY_POINT

Zero Point 지점을 찾을 수 있어야만 스윙의 일관성을 확보할 수 있다.

밴드를 착용하고 임팩트 시 저항이 사라진 자세를 보여 주는 이미지에 대한 상세한 가이드입니다. 이 이미지는 **제로포인트 스윙** 이론의 궁극적인 목표인 "저항 Zero 지점: 완벽한 임팩트의 순간"을 시각적으로 구현하여, 교재의 핵심 이론을 증명하는 가장 중요한 자료가 됩니다.

◆ **밴드를 착용하고 저항 Zero 임팩트를 구현한 이미지 설명**

이 이미지는 **제로포인트 스윙밴드**가 3대 저항(축, 상·하, 토크 저항)을 모두 제거하여 **몸통과 클럽이 완벽하게 일체화**된 상태에서 임팩트를 통과하는 모습을 강조합니다.

1. 이미지 구성: 저항 Zero 임팩트의 순간

요소	시각적 표현	제로포인트 이론의 적용 및 증명
스윙 자세	임팩트 순간 또는 임팩트 직후 공이 페이스를 떠나는 찰나의 자세.	스윙의 최저점(Low Point)이 정확히 공 위치에 맞아 떨어지는 순간을 포착.
몸의 축 (Head &Spine)	머리가 공보다 약간 뒤에 위치하며, 척추 각도가 어드레스 때와 거의 동일하게 유지됨.	상·하 저항 및 축 저항 ZERO: 밴드에 의해 축이 견고하게 고정되어 상하 움직임이나 쏠림이 전혀 없는 상태를 명확히 보여 줌.
클럽과 팔의 연결	왼팔과 클럽 샤프트가 하나의 강력한 직선(Power Line)을 이루며 타겟 방향으로 길게 뻗어 나가는 모습.	TTBA 연결 및 릴리즈 Zero: 오른 손목이 꺾이거나 풀리지 않고, 왼팔이 주도하여 몸통 회전에 의해 클럽이 끌려 나감을 강조(축 저항 ZERO).
밴드의 상태	밴드가 목(축)과 그립 사이에서 팽팽하지만 불안정하지 않은, 일정하고 안정적인 장력을 유지하는 모습.	저항 Zero 증명:장력은 축이 유지되고 있음을, 꼬임은 최소화되어 토크 저항이 없음을 증명하는 핵심 시각적 피드백.
하체의 회전	왼발에 체중이 완전히 실리고 하체가 타겟 방향으로 충분히 회전되어 몸통이 클럽을 주도하고 있음을 보여 줌.	Zero 템포의 완성: 몸통 회전력(관성)이 클럽에 효율적으로 전달되고 있음을 시각화.
클럽 페이스	클럽 페이스가 목표 방향에 정확히 스퀘어(직각)를 이루는 모습.	토크 저항 ZERO: 인위적인 조작 없이 시계추 원리에 의해 클럽이 자동으로 정렬되었음을 증명.

2. 교육적 의미: 완벽한 임팩트의 핵심

- **'저항 Zero'의 시각적 정의**: 이 자세는 **축, 상·하, 토크**의 3대 저항이 동시에 해소된 **완벽한 균형 상태**를 의미합니다.
- **노력의 불필요성**: 캐릭터가 힘들이지 않고 **부드럽게 스윙을 통과**하는 듯한 인상을 주어, **힘이 아닌 원리**로 스윙하는 제로포인트 이론의 핵심을 전달합니다.

이 임팩트 이미지는 교재의 어떤 이미지보다도 **밴드의 존재 이유와 이론의 성공적인 적용**을 가장 강력하게 보여 주는 증거가 될 것입니다.

PART 2

핵심 메커니즘 1:
밴드로 클럽을
'매달고'(축 고정) 훈련

제로포인트 스윙밴드의 메인 슬로건인 '매달고' '흔들고' 휘두르고 중 가장 기본이 되는 '매달고'에 대한 이론과 설명입니다. 단순히 왼손에 클럽을 들고 있는 것과 매달고 있는 것의 차이를 분명히 느낄 수 있어야 하고 그 방법을 찾을 수 있어야 합니다.

CHAPTER 4

'매달린' 셋업:
왼팔에 클럽을 '매달고' 상·하 저항 Zero

이 책에서 정의하는 **'매달고, 흔들고, 휘두르는'** 컨셉 중 첫 번째이자 가장 근본이 되는 것이 바로 **'매달린' 셋업**입니다. 이 셋업은 스윙의 3대 저항 중 상·하 저항(Vertical Resistance)을 원천적으로 제거하여 **Zero** 상태로 만드는 출발점입니다.

1. '매달린' 셋업의 정의와 원리

'매달린' 셋업이란, 클럽을 **손이나 팔의 근육 힘으로 '잡고' 있거나 '들고' 있는 상태가 아니라**, 클럽 헤드의 무게를 왼팔(Leading Arm)에 온전히 의지하여 **중력에 의해 자연스럽게 늘어뜨려진 상태**를 의미합니다.

- **상·하 저항 ZERO의 핵심:** 인위적인 힘이 개입되지 않은 이 **'매달린' 상태**는 스윙 중 **몸이 상하로 움직이려는(Up-and-Down) 충동**을 제거합니다. 클럽 헤드가 왼팔에 정확하게 매달려 있으면, 클럽과 몸이 하나의 시계추처럼 작동하는 **최소 저항 궤도**가 형성되기 때문입니다.

2. 제로포인트 스윙밴드의 역할: '매달림' 강화

제로포인트 스윙밴드는 이 '매달린' 셋업을 **가장 쉽고 정확하게** 구현하도록 돕는 결정적인 도구입니다.

밴드 착용 전 (일반적 오류)	밴드 착용 후(저항 Zero 상태)
팔과 어깨의 긴장	클럽을 '들기' 위해 어깨와 팔뚝에 불필요한 힘(긴장)이 들어가며 상·하 저항 발생 가능성 증가.
밴드의 장력 활용	밴드가 목(축)과 그립을 연결하면서 발생하는 장력(Tension)이 클럽을 왼팔에 정확히 매다는 감각을 강제로 부여함.
스윙 축 불안정	어드레스부터 축이 불안정하여 스윙 시작 시 상하 움직임이 발생하기 쉬움.
축의 고정	밴드를 통해 축(목)이 고정되면서 왼팔이 클럽을 안정적으로 매다는(Hanging) 역할을 수행하게 되어 상·하 저항이 Zero인 안정된 셋업 완성.

3. 상·하 저항 Zero의 효과: 일관된 최저점 확보

'매달린' 셋업을 통해 상·하 저항을 Zero로 만들면, 파크골프 스윙에서 가장 중요한 **일관성**이 확보됩니다.

- **일정한 스윙 최저점(Low Point):** 스윙 내내 클럽이 왼팔에 안정적으로 매달려 있기 때문에, 몸의 상하 움직임이 발생하지 않습니다. 그 결과, 클럽 헤드가 잔디를 스치고 지나가는 스윙의 최저점(공이 맞아야 하는 지점)이 항상 **일정하게 유지**됩니다.
- **정타(Sweet Spot) 확률 극대화:** 최저점이 일정하면 공을 때릴 때 발생하는 탑볼(Top)이나 뒷땅(Fat)의 위험이 사라집니다. 클럽 페이스의 정중앙인 **스위트 스팟**에 공이 맞을 확률이 극대화되어, 적은 힘으로도 **최대 효율의 타격**이 가능해집니다.

따라서 '매달린' 셋업은 **제로포인트 스윙**의 시작점이자, 상·하 저항을 제거하여 **완벽한 임팩트의 기반**을 다지는 필수적인 과정입니다.

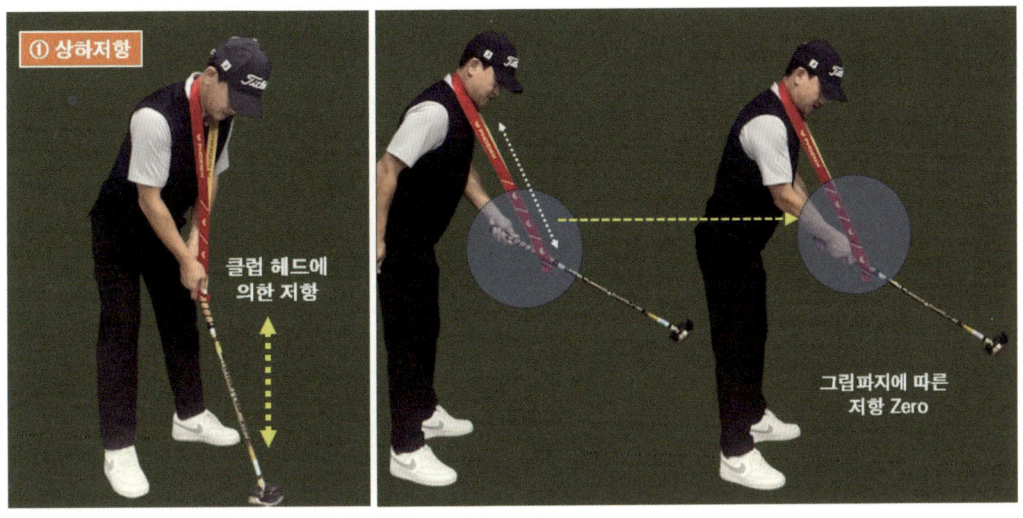

매달린 셋업 유지훈련

KEY_POINT

상하저항의 핵심은 중력에 의한 클럽의 저항을 Zero할 수 있는 지점(Point)을 찾는 것!

왼팔에 클럽 무게를 매단 **'저항 Zero 셋업'** 자세와, **저항이 걸렸을 때의 잘못된 셋업 자세**를 비교하는 이미지에 대한 상세한 가이드입니다. 이 비교 이미지는 **상·하 저항**과 **축 저항**이 어떻게 셋업부터 시작되는지 명확히 보여 주어, **제로포인트 스윙**의 근본 원리인 '매달고(Hanging)'의 중요성을 강조합니다.

◆ **왼팔 매달림 vs. 저항 발생 셋업 비교 분석**

이 이미지는 **제로포인트 스윙밴드**를 착용했을 때의 이상적인 셋업(저항 Zero)과, 일반적인 오류로 인해 **저항이 발생하는 셋업**을 대비하여 보여 줍니다.

1. 이상적인 자세: 왼팔 매달림(저항 Zero 셋업)

요소	시각적 표현	제로포인트 이론의 적용 및 증명
밴드 착용 상태	밴드가 목(축)과 그립에 연결되어 있으며, 밴드가 느슨하지 않을 정도의 최소 장력을 유지.	장력 인지점: 밴드 장력을 통해 클럽을 '매달린(Hanging)' 상태로 왼팔에 의지하고 있음을 증명.
왼팔과 어깨	왼팔이 펴져 있지만 긴장 없이 이완되어 있고, 어깨에 힘이 들어가지 않은 편안한 상태.	상·하 저항 ZERO: 클럽을 '들지 않고' 중력에 의해 늘어뜨려 상·하 저항이 발생할 여지를 원천 차단.
몸의 축 (척추)	척추 각도가 바르게 유지되며, 머리 위치가 안정적으로 고정됨.	축 고정 준비: 축 저항이 발생할 여지 없이, 몸통 회전을 시작할 수직 축이 견고하게 설정됨.
결론	힘을 뺀 상태에서 최대의 효율을 낼 수 있는, 스윙 일관성의 출발점.	

2. 잘못된 자세: 저항이 걸린 셋업(들거나 조작하려는 자세)

요소	시각적 표현	의미하는 저항 및 문제점
밴드 착용 상태	밴드를 착용했지만, 잘못된 힘이 들어가 밴드의 장력이 과도하게 강해지거나 느슨하게 풀린 모습(밴드가 휘거나 한쪽으로 쏠린 모습).	장력 불균형: 밴드의 최소 장력을 인지하지 못하고, 클럽을 손목이나 팔로 조작하려 함.
왼팔과 어깨	왼팔이 펴져 있으나, 팔뚝과 어깨에 힘이 잔뜩 들어가 경직된 상태. 어깨가 으쓱 올라가 목이 짧아 보임.	상·하 저항 발생: 클럽을 '들어 올리려'는 인위적인 힘이 상·하 저항을 유발하여 스윙 최저점을 불안정하게 만듦.
손목과 그립	손목이 과도하게 꺾여 있거나, 그립을 너무 세게 쥐어 힘줄이 튀어나온 모습.	토크 저항 잠재: 셋업부터 손목에 힘이 들어가 토크 저항이 발생할 준비가 되어 있어, 스윙 시작과 함께 클럽 페이스를 조작하기 쉬움.
몸의 축 (척추)	체중이 한쪽 발에 쏠리거나, 척추가 타겟 반대 방향으로 과도하게 기울어진 모습.	축 저항 잠재: 셋업부터 축이 불안정하여 스윙 시작 시 스웨이나 리버스 피벗 같은 축 저항이 즉시 발생할 가능성이 높음.

3. 교육적 의미: 제로포인트의 출발점

이 두 가지 자세의 대비는 독자에게 **제로포인트 스윙**의 **가장 첫 번째 성공 조건**이 '힘을 빼는 것(릴렉스)'이 아니라, **'클럽을 왼팔에 정확하게 매달아(Zero Setup)'** 힘이 **효율적으로 연결**되는 **지점을 찾는 것임**을 명확히 인지시킵니다.

• **밴드의 역할 강조**: 밴드가 **상·하 저항**을 제거하고 **축 저항**을 방지하는 **이상적인 셋업**을 물리적으로 유도하는 **필수 도구**임을 강력히 뒷받침합니다.

CHAPTER 5

수직 축 고정:
스웨이와 리버스 피벗의 자가 진단

고객님의 **제로포인트 스윙밴드** 이론에서 축 저항(Axis Resistance)을 제거하고 상·하 저항(Vertical Resistance)을 Zero로 만드는 핵심은 바로 '수직 축 고정'입니다. 이 '수직 축'은 척추를 중심으로 한 스윙의 중심을 의미하며, 이것이 흔들리면 스윙의 일관성은 완전히 무너집니다.

다음은 스윙밴드를 사용하기 전, 가장 흔하게 발생하는 축 저항 오류인 **스웨이**와 **리버스 피벗**을 스스로 진단할 수 있는 방법과 제로포인트 이론의 교정 원리입니다.

1. 스웨이(Sway) 자가 진단: '좌우 흔들림'

스웨이는 백스윙 시 몸의 중심축이 회전하지 않고 **좌우로 밀리는**(측면 이동) **현상**입니다. 이는 특히 하체가 타깃 반대 방향(오른쪽)으로 과도하게 밀릴 때 발생합니다.

자가 진단 방법	스웨이 발생 시 몸의 신호
벽 대고 백스윙	엉덩이를 벽에 붙이고 백스윙을 했을 때, 오른쪽 엉덩이가 벽에서 멀어지며 밀리는 경우.
오른쪽 무릎의 변화	백스윙 탑에서 오른쪽 무릎이 오른쪽으로 과도하게 밀리며 펴지는 경우.
느낌적 신호	백스윙 탑에서 오른쪽 다리에 힘이 많이 들어가고 왼쪽 다리가 힘이 풀리는 느낌이 드는 경우.

- **제로포인트 밴드의 교정 원리**: 리버스 피벗은 **팔만 들어 올리려는**(Lifting) **동작**에서 주로 발생합니다. 제로포인트 밴드는 클럽을 왼팔에 **'매달아**(Hanging)**'** 팔의 독립적

인 Lifting을 막고 **몸통 회전**을 통해서만 백스윙을 하도록 유도합니다. 이로써 **올바른 체중 이동과 축 고정**을 통해 **리버스 피벗을 통한 축 저항**을 Zero로 만듭니다.

2. 리버스 피벗(Reverse Pivot) 자가 진단: '역(逆)체중 이동'

리버스 피벗은 백스윙 시 체중이 오른쪽이 아닌 **왼쪽(타깃 방향)에 과도하게 실리는 현상**입니다. 이로 인해 상체가 오른쪽으로 기울어지며 축이 역전됩니다. 이는 **상·하 저항**과 **축 저항**을 동시에 유발하는 최악의 오류 중 하나입니다.

자가 진단 방법	리버스 피봇 발생 시 몸의 신호
체중 분포 확인	백스윙 탑에서 왼쪽 발에 체중이 과도하게 실리거나, 오른쪽 어깨가 왼쪽 어깨보다 낮아지는 경우.
상체의 기울기	백스윙 탑에서 몸의 중심선이 타깃 방향(왼쪽)으로 기울어지는 경우 (척추가 거꾸로 서는 모양).
느낌적 신호	백스윙 탑에서 몸이 뒤집히는 듯한 불안정함을 느끼며, 다운스윙 시작 시 클럽을 끌어내리기 어려운 경우.

- **제로포인트 밴드의 교정 원리**: 리버스 피벗은 **팔만 들어 올리려는(Lifting) 동작**에서 주로 발생합니다. 제로포인트 밴드는 클럽을 왼팔에 **'매달아(Hanging)'** 팔의 독립적인 Lifting을 막고 **몸통 회전**을 통해서만 백스윙을 하도록 유도합니다. 이로써 **올바른 체중 이동과 축 고정**을 통해 **리버스 피벗을 통한 축 저항**을 Zero로 만듭니다.

3. 완벽한 '수직 축 고정' 상태의 확인(Zero Point State)

밴드를 통한 수직 축 고정이 성공적으로 이루어지면, 골퍼는 다음과 같은 상태를 느끼게 됩니다.

- **흔들림 없는 축**: 백스윙 탑에서 머리 위치가 어드레스 때와 거의 동일하며, **척추 각도가 유지**됩니다.
- **균형 잡힌 하체**: 하체가 과도하게 밀리거나 펴지지 않고 **견고하게 버티며 회전**합니다.
- **일체감 있는 연결**: 팔과 클럽이 몸의 회전 범위 내에서 움직여, **몸통이 회전을 멈추면 클럽도 멈추는 일체감**을 느낍니다.

이러한 **자가 진단** 방법을 통해 스윙밴드를 사용해야 하는 이유(축 저항 문제)를 명확히 제시하고, 밴드의 **물리적 제어**가 어떻게 **수직 축 고정**을 이끌어 내는지 설명함으로써 교재의 이론적 가치를 높일 수 있습니다.

KEY_POINT

밴드의 꼬임과 장력에 의해 골퍼 스스로 자가진단을 할 수 있어야 한다.

◆ 밴드 장력 변화를 이용한 축 이탈 감지 훈련

이 훈련은 **제로포인트 스윙밴드**의 장력(Tension)을 이용하여 축 저항(Axis Resistance)을 유발하는 두 가지 주요 오류, 즉 스웨이(Sway)와 리버스 피벗(Reverse Pivot)을 감지하고 교정하는 핵심 방법입니다. 밴드의 장력은 축이 흔들릴 때 **가장 먼저 피드백을 주는 물리적 센서** 역할을 합니다.

1. 이상적인 기준: '일정한 팽팽함'(Zero Point Tension)

훈련을 시작하기 전, **밴드 장력이 일정하게 유지되는 상태**를 인지하는 것이 중요합니다.

• **정상 상태**: 어드레스부터 백스윙 전반에 걸쳐 밴드가 **느슨해지거나 과도하게 조여지지 않고, 목과 그립 사이에서 부드럽고 일정한 팽팽함**을 유지합니다. 이는 몸통 회전과 클럽의 움직임이 **하나의 축**을 중심으로 일체화되었음을 의미합니다.

2. 단계별 축 이탈 감지 훈련(장력 변화 피드백)

축 저항이 발생하는 두 가지 유형의 오류를 밴드의 장력 변화로 즉각적으로 감지하고 교정합니다.

훈련 단계	오류 유형 (축 저항)	밴드의 장력 피드백	교정 목표 및 방법
1단 계	스웨이 (Sway: 축의 횡이동)	밴드가 순간적으로 늘어남	원인 진단: 백스윙 시 몸의 중심축이 오른쪽으로 밀려나면서(스웨이), 밴드가 축과 그립 사이의 거리를 일시적으로 잃어버렸음을 의미합니다.
			교정 훈련:오른발 안쪽에 체중을 유지하고, 밴드의 팽팽함이 유지되는 범위 내에서 몸통 회전만으로 백스윙을 진행합니다(밀지 않고 돌기).
2단 계	리버스 피벗 (Reverse Pivot: 역축 형성)	밴드가 목 주변에서 순간적으로 느슨해짐	원인 진단: 백스윙 시 상체가 타겟 방향으로 기울거나(역축), 팔로만 클럽을 들어 올릴 때, 밴드가 순간적 느슨해져서 축 저항이 발생했음을 의미합니다.
			교정 훈련: 밴드의 압박이 일정하게 느껴지도록 왼팔 주도와 TTBA 연결을 유지하며 백스윙을 낮고 넓게 시작합니다. 축을 중심으로 회전하여 일정한 텐션을 유지합니다.

3. 이미지 구성 및 시각적 강조

이미지는 3분할 또는 3개의 독립적인 이미지로 구성되어야 하며, **밴드의 상태**를 가장 명확하게 대비시켜야 합니다.

이미지 명	강조할 시각적 요소	밴드의 상태
정상 (Zero Point)	척추 축을 중심으로 몸통 회전이 안정적으로 이루어지는 자세.	일정하고 부드러운 장력.
오류 1 (스웨이)	캐릭터의 몸이 오른쪽으로 밀려나고, 오른쪽 무릎이 펴지는 모습.	밴드가 비정상적으로 느슨함/풀림.
오류 2 (리버스 피벗)	캐릭터의 상체가 타겟 쪽으로 기울어지고, 왼쪽 어깨가 높아지는 모습.	밴드가 목 주변을 과도하게 당겨 팽팽함.

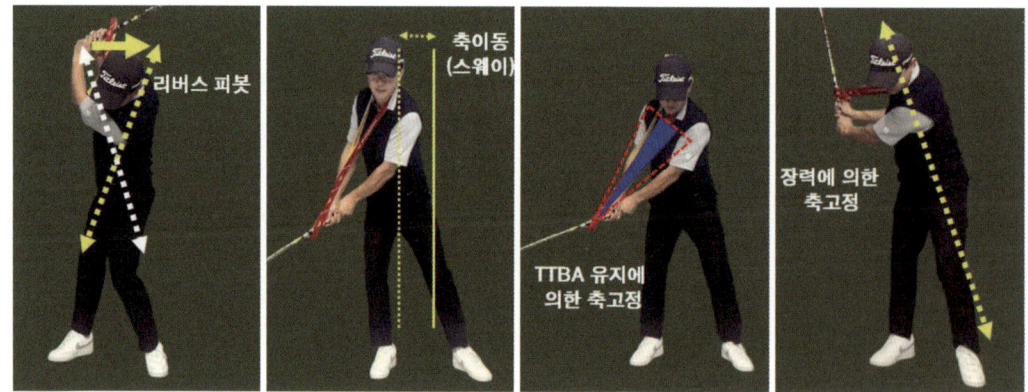

이러한 **장력 변화를 통한 축 저항 감지 훈련**은 독자들이 밴드를 **스윙 메커니즘을 교정하는 센서**로 활용하고, **저항 Zero** 상태를 스스로 찾아 일관된 스윙을 만들도록 돕는 핵심 교육 자료가 될 것입니다.

PART 3

핵심 메커니즘 2: 밴드로 클럽을 '흔들고' (궤도 제어) 훈련

제로포인트 스윙밴드의 메인 슬로건인 '매달고' '흔들고' 휘두르고 중 두 번째 키워드인 '흔들고'는 시계추 스윙을 직접 구현하는 훈련법입니다. 단, 손과 팔에 의해 인위적으로 흔들리는 것이 아닌 **축이 중심이 되어 저항이 Zero인 상태가 유지되면서 흔들 수 있는 방법**을 훈련합니다.

CHAPTER 6

시계추 궤도의 표준화:
인-투-인 궤도 유지

　제로포인트 스윙 이론에서 '시계추 궤도의 표준화'란 클럽 헤드가 몸의 축을 중심으로 **저항 Zero** 상태에서 가장 효율적이고 반복 가능한 궤적인 **인-투-인(In-to-In)** 경로를 따라 움직이는 것을 의미합니다.

　이 궤도를 벗어나는 것은 곧 **토크 저항**과 **축 저항**이 발생하여 일관성을 해치는 주된 원인이 됩니다. 이 장에서는 제로포인트 스윙밴드가 어떻게 클럽을 표준화된 **시계추 궤도**로 유지시키는지, 그리고 파크골프에서 인-투-인 궤도가 왜 결정적인지 설명합니다.

1. 인-투-인(In-to-In) 궤도의 정의와 중요성

　인-투-인(In-to-In) 궤도는 클럽 헤드가 공에 접근할 때(다운스윙) 타겟 라인의 안쪽(In)에서 들어와 임팩트 후 다시 타겟 라인의 안쪽(In)으로 빠져나가는 궤도입니다.

- **표준화의 목표**: 이 궤도는 클럽 헤드가 스윙의 원호(Arc)를 가장 자연스럽게 따를 때 형성됩니다.
- **토크 저항 ZERO의 핵심**: 인-투-인 궤도를 따르면 클럽 페이스가 임팩트 존에서 타겟 라인에 대해 가장 오랫동안 직각(스퀘어)을 유지할 수 있습니다. 이는 **토크 저항**을 최소화하여 방향성을 극대화합니다.

• **파크골프에서의 중요성**: 파크골프는 공이 뜨지 않고 지면을 따라 굴러가야 하므로, **헤드의 방향(Face Direction)**이 매우 중요합니다. 인-투-인 궤도는 정확한 방향 제어를 위한 필수 조건입니다.

2. 시계추 궤도와 밴드의 역할: 표준화된 안내자

제로포인트 스윙밴드는 클럽을 왼팔에 **'매달아'** **시계추**로 만든 후, 이 시계추가 궤도를 벗어나지 않도록 **물리적으로 안내**하는 역할을 합니다.

궤도 이탈(저항 발생)	제로포인트 밴드의 교정 원리(저항 ZERO)
아웃-투-인(Out-to-In)	클럽이 몸 앞에서 가파르게 들어와 깎아 치는 궤도. 토크 저항 유발.
인-투-아웃(In-to-Out)	클럽이 몸 뒤에서 너무 완만하게 들어와 밀어 치는 궤도. 축 저항 유발.
손목 조작(토크 저항)	궤도 수정을 위해 손목을 인위적으로 돌려 클럽 헤드를 조작하려는 시도.

TTBA : 양팔과 가슴 상부를 잇는 가상의 삼각형을 의미(이 삼각형은 스윙 내내 그 형태와 크기가 최대한 유지)

3. 인-투-인 궤도 유지를 위한 훈련

제로포인트 스윙밴드를 착용하고 인-투-인 궤도를 몸에 익히기 위한 구체적인 훈련 방법입니다.

- **시계추 느낌 확인**:
  - 밴드를 착용한 상태에서 클럽을 왼팔에 **'매달고'** 짧은 시계추 스윙(퍼팅 스트로크 정도)을 반복합니다.
  - **자가 진단**: 클럽 헤드가 인위적으로 열리거나 닫히지 않고, **밴드의 꼬임**에 의해 자연스럽게 움직이는지 확인합니다. 이는 곧 **토크 저항이 Zero**인 상태입니다.

- **TTBA 궤도 고정**:
  - 클럽 샤프트가 지면과 평행한 지점(Takeaway)에서 클럽이 몸통의 선(Line)과 평행하게 유지되는지 확인합니다.
  - **밴드의 도움**: 밴드의 연결성이 TTBA(삼각형)의 형태를 유지하며, 몸통 회전이 클럽을 인-투-인 궤도의 안쪽으로 끌어당기도록 강제합니다.

- **저항 없는 통과(Follow Through)**:
  - 임팩트 후 클럽이 인-투-인 궤도를 따라 자연스럽게 타겟 라인 안쪽으로 빠져나가도록 **몸통 회전을 지속**합니다. 이때 **왼팔이 주도**해야 합니다.
  - **목표**: 밴드의 장력을 느끼며 클럽 헤드가 **가장 가볍고 빠르게** 지나가는 관성(Momentum)의 느낌에 집중합니다. 이는 불필요한 저항이 모두 사라진 **'휘두르는'** 동작의 완성입니다.

제로포인트 스윙밴드는 클럽에 **저항 없는 시계추의 역할**을 부여하고, 몸의 축을 중심으로 클럽 헤드가 **표준화된 인-투-인 궤도**를 물리적으로 따르도록 안내함으로써, 파크골프에서 가장 중요한 **일관된 방향성**을 확보해 줍니다.

KEY_POINT

작은 스윙으로 풀스윙의 메커니즘을 만들어 낼 수 있어야 한다.

시계추 스윙과 궤도: 밴드 꼬임으로 토크 저항 감지

제로포인트 스윙의 핵심은 클럽을 '중력에 매달린 시계추'로 만들어 **저항 Zero** 상태에서 가장 효율적인 **인-투-인 궤도**를 따라 움직이게 하는 것입니다. 이 시계추 궤도를 벗어날 때 발생하는 것이 바로 토크 저항(Torque Resistance)이며, **제로포인트 스윙밴드**의 '꼬임 변화'는 이 저항을 즉시 감지하는 물리적 센서 역할을 합니다.

1. 시계추 스윙의 원리와 이상적인 궤도

원리	설명	밴드의 역할
시계추 스윙 (Pendulum Swing)	클럽을 손으로 조작하는 것이 아니라, 몸의 축을 중심으로 중력과 관성에 의해 자연스럽게 흔드는(Swinging) 동작.	밴드가 왼팔에 클럽을 매달아 인위적인 힘을 제거하고, 클럽을 하나의 긴 시계추로 만들어 줍니다.
인-투-인 궤도 (In-to-In Path)	클럽 헤드가 스윙 축을 중심으로 가장 긴 원호(Arc)를 그리며 타겟 라인의 안쪽(In)에서 들어와 안쪽(In)으로 빠져나가는 표준화된 궤도.	궤도 표준화: 밴드가 축(Axis)과 TTBA(삼각형)를 고정하여, 팔이 몸통 회전 범위 내에서만 움직이도록 강제하여 궤도 이탈을 방지합니다.

2. 밴드 꼬임 변화를 이용한 궤도 이탈 감지(토크 저항 진단)

제로포인트 스윙밴드는 다운스윙 중 **토크 저항**이 개입하여 클럽 페이스가 비틀리거나 궤도가 이탈하는 순간, **밴드의 꼬임 변화**라는 명확한 물리적 피드백을 제공합니다.

궤도 이탈 유형	밴드의 꼬임 변화 피드백	의미하는 저항 및 오류
훅(Hook) 유발	백스윙/다운스윙 중 밴드가 과도하게 뒤틀림	토크 저항(과도한 닫힘): 손목을 써서 클럽 페이스를 성급하게 닫으려 했음(릴리즈 Zero 실패)을 의미. 훅은 클럽을 덮어 치는 동작이 원인.
슬라이스(Slice) 유발	다운스윙 중 밴드 꼬임이 풀리거나, 비정상적으로 한쪽으로 쏠림	토크 저항(열림) & 축 저항: 클럽을 밖에서 안으로 깎아 치거나(Out-to-In), 몸이 뒤로 젖혀져 클럽 페이스가 열린 상태로 임팩트했음을 의미.
정상(저항 Zero)	밴드 꼬임이 부드럽고 일정하게 유지	자동 로테이션:Zero 템포에 맞춰 클럽 헤드가 몸통 회전에 의해 자연스럽게 열리고 닫히는(릴리즈 Zero) 일관된 상태.

3. 이미지 구성: 밴드 꼬임 변화를 통한 토크 저항 감지

이 이미지는 **제로포인트 스윙밴드**의 **물리적 센서** 역할을 시각적으로 강조하여, 독자가 스윙 중 **손목 조작**을 즉시 인지하도록 돕습니다.

요소	시각적 표현	교육적 효과 강조
스윙 단계	다운스윙 중간 지점 또는 임팩트 직전, 토크 저항이 가장 발생하기 쉬운 순간.	오류가 발생했을 때 즉시 멈추고 밴드의 상태를 확인하는 자가 진단 훈련을 유도.
클럽 궤적 이탈	이상적인 인-투-인 궤도(푸른색 선)와, 이 궤도를 벗어난 오류 궤도(붉은색 점선)를 대비하여 표시.	토크 저항이 궤도 이탈과 방향성 상실로 이어진다는 것을 시각적으로 증명.
밴드의 상태	밴드가 목 주변에서 비정상적으로 꼬여 뒤틀린 모습을 강조. 밴드의 장력과 꼬임에 변형이 생겨 저항 Zero 상태가 무너졌음을 표시.	물리적 피드백: 훅/슬라이스의 원인이 손목의 인위적인 힘이며, 밴드가 이를 물리적으로 경고하고 있음을 전달.
캐릭터의 동작	클럽을 손목으로 조작하려 하거나, 몸통이 멈추고 팔만 휘두르는 듯한 어색하고 불안정한 동작을 표현.	TTBA 연결 붕괴와 릴리즈 Zero 실패가 오류의 근본 원인임을 암시.

이 이미지는 **제로포인트 스윙밴드**가 스윙의 **시계추 원리**를 유지하게 돕고, **밴드의 꼬임 변화**를 통해 **토크 저항**을 실시간으로 감지하여 **일관된 궤도**를 확보할 수 있도록 돕는 핵심적인 교정 원리를 보여 줄 것입니다.

제로포인트 스윙밴드를 단순한 보조 도구가 아닌, **자신의 스윙 궤도와 토크 저항을 즉각적으로 진단**할 수 있는 '물리적 센서'로 인식하게 될 것입니다.

CHAPTER 7
TTBA(Triangle)와 몸통의 연결 방법

제로포인트 스윙 이론에서 TTBA(Triangle of Two-Arm &Body, **두 팔과 몸통의 삼각형**)는 클럽과 몸이 **저항 Zero** 상태에서 **하나의 시계추**처럼 움직이도록 하는 핵심 연결 구조입니다. TTBA는 클럽과 팔로 이루어진 삼각형이 백스윙부터 임팩트, 그리고 팔로우 스루까지 **몸통의 회전**에 의해 움직일 때 가장 효율적이고 일관된 스윙 궤도를 생성합니다.

이 장에서는 TTBA를 형성하고 이를 몸통에 연결하여 **축 저항**과 **토크 저항**을 동시에 제거하는 구체적인 방법을 설명합니다.

1. TTBA(삼각형)의 정의와 형성

TTBA는 양팔과 가슴 상부를 잇는 가상의 삼각형을 의미합니다. 이 삼각형은 스윙 내내 그 형태와 크기가 최대한 유지되어야 합니다.

- **왼팔의 역할(리딩 암)**: 왼팔은 클럽을 '**매달아(Hanging)**' 상·하 저항을 Zero로 만든 상태에서, 삼각형의 **길이와 궤도**를 리드하는 역할을 합니다.
- **오른팔의 역할**: 오른팔은 클럽을 '밀거나' '조작'하는 역할이 아니라, 왼팔과 함께 **TTBA의 형태**를 안정적으로 유지하는 보조적인 역할을 합니다.

- **형성 원리**: TTBA가 무너지면 **손목의 과도한 사용**이 발생하며 **토크 저항**이 즉시 발생합니다. **제로포인트 스윙밴드**는 목(축)과 그립을 연결함으로써, 팔이 몸통에서 멀어지지 않고 TTBA의 형태를 유지하도록 **물리적인 압력**으로 강제합니다.

2. TTBA를 몸통에 연결하는 방법

TTBA의 핵심은 **TTBA 자체가 움직이는 것이 아니라, 몸통의 회전**에 의해 끌려가고 밀려나야 한다는 점입니다. 즉, TTBA를 움직이는 동력은 오직 **수직 축 회전**에서 나와야 합니다.

연결 방법 (핵심 동작)	제로포인트 밴드의 역할
팔꿈치와 가슴의 연결	양 팔꿈치 안쪽이 가슴(몸통)을 향하고 있는 느낌을 유지합니다. 스윙 시작 시, 팔이 아닌 몸통의 회전으로 TTBA를 움직입니다.
어깨와 팔의 일체화	팔을 '드는' 것이 아니라, 어깨 회전에 의해 TTBA 전체가 함께 회전하여 클럽을 뒤로 가져갑니다(Lifting 금지).
시계추 원리 적용	TTBA는 스윙 축에 매달린 시계추의 '줄'과 같은 역할입니다. 몸통이 흔들리면 TTBA가 자연스럽게 따라가야 합니다.

3. TTBA 연결 훈련을 통한 자가 진단 및 교정

제로포인트 스윙밴드를 착용한 상태에서 TTBA와 몸통의 연결 상태를 스스로 점검할 수 있습니다.

4. 백스윙 중 자가 진단(토크 저항 확인):

- 백스윙 중간 지점(샤프트가 지면과 평행할 때)에서 **TTBA의 삼각형이 깨지거나** 클럽 헤드가 과도하게 열리거나 닫히는지 확인합니다.
- **밴드의 신호**: 밴드에 불규칙한 **꼬임이나 장력 변화**가 느껴진다면, TTBA가 몸통보다 빠르게 움직여 **토크 저항**이 발생한 것입니다.

5. 임팩트 시 자가 진단(축 저항 확인):

- TTBA를 **몸통으로 끌고 와** 임팩트 후에도 왼팔과 샤프트가 **하나의 일직선**을 이루는지 확인합니다.
- **밴드의 신호**: 임팩트 순간 **팔로만 클럽을 때리려 하면** 밴드가 목을 잡아당기는 듯한 **강한 저항**을 느끼게 됩니다. 이는 TTBA와 몸통의 연결이 끊어져 **축 저항**이 발생했다는 신호입니다.

TTBA와 몸통의 완벽한 연결은 **저항 Zero** 스윙의 궁극적인 목표입니다. **제로포인트 스윙밴드**는 이 연결을 물리적으로 강제함으로써, **일관된 궤도**와 **강한 에너지 전달**을 보장하는 **근본적인 스윙 메커니즘**을 확립해 줍니다.

> **KEY_POINT**
> 삼각형은 유지하여야 하는 것이 아니라 유지될 수 있도록 조건을 만드는 게 우선이다.

몸통−팔 삼각형(TTBA)을 유지하는 훈련과 손목 사용(토크 저항)을 제거하는 밴드 착용 및 스윙 궤적 예시 이미지에 대한 상세 가이드입니다. 이 이미지는 **제로포인트 스윙**의 핵심인 'TTBA 연결'과 '토크 저항 Zero'를 시각적으로 통합하여, 손목 조작 없이 몸통 회전만으로 스윙하는 원리를 보여 줍니다.

◆ TTBA 유지 훈련 &손목 토크 저항 제거 이미지

이 이미지는 **제로포인트 스윙밴드**를 착용한 상태에서 TTBA(Triangle of Two-Arm &Body)를 견고하게 유지하고, 손목의 인위적인 사용(토크 저항)을 제거하며 스윙 궤적을 표준화하는 과정을 보여 줍니다.

1. 이미지 구성(두 가지 핵심 원리의 시각적 통합)

이미지는 백스윙과 다운스윙의 중간 지점을 연결하여 **TTBA**가 유지되는 상태와 **손목 토크 저항**이 제거된 클럽 궤도를 동시에 강조합니다.

요소	시각적 표현	제로포인트 이론의 적용 및 증명
TTBA (몸통-팔 삼각형)	양팔과 가슴 상부를 잇는 선명한 가상의 삼각형(TTBA)을 표시. 이 삼각형이 백스윙부터 다운스윙까지 형태를 거의 유지하며 몸통 회전과 함께 움직이는 모습.	일체감 형성: 밴드가 이 TTBA를 견고하게 잡아 주어 몸통과 팔이 분리되지 않고 하나의 유닛처럼 움직임을 강조 (축 저항 ZERO).
밴드의 역할 강조	밴드가 목(축)과 그립을 팽팽하게 연결하여 손목의 독립적인 움직임을 물리적으로 제한하는 모습. 밴드가 TTBA의 변형을 막고 있음을 시각적으로 보여줌.	손목 고정: 밴드의 장력이 손목이 꺾이거나 돌지 못하도록 강제하며 토크 저항 발생 원인을 차단.

스윙 궤적 (클럽 헤드)	클럽 헤드가 백스윙과 다운스윙에서 부드럽고 일정한 인-투-인 궤도를 그리는 원호를 푸른색 실선으로 표시.	궤도 표준화: 밴드에 의해 TTBA가 유지되고 손목 개입이 없어, 클럽이 중력과 몸통 회전에 의해 가장 효율적인 궤도를 따름 (토크 저항 ZERO).
몸통 회전	어깨와 골반이 축을 중심으로 부드럽게 회전하는 화살표를 표시.	스윙의 주도: 팔이나 손목이 아닌 몸통 회전이 클럽을 주도하고 있음을 강조.
손목의 상태	손목이 꺾이거나 과도하게 사용되지 않고, TTBA의 한 부분으로서 견고하게 고정된 모습.	릴리즈 Zero 준비: 임팩트 시 토크 저항 없이 자동 릴리즈가 가능하도록 손목이 제어되었음을 보여 줌.

2. 시각적 강조 및 교육적 효과

이 이미지는 **제로포인트 스윙밴드**가 어떻게 TTBA를 통해 **몸통과 클럽을 일체화**하고, 그 결과 **손목의 토크 저항을 제거**하여 **일관된 스윙 궤도**를 만들어 내는지에 대한 핵심 교육 자료가 됩니다.

- **손목 사용 금지의 시각화**: 밴드가 손목의 인위적인 움직임을 물리적으로 제어하여 **훅**이나 **슬라이스**의 근본 원인을 제거하는 과정을 명확히 보여 줍니다.
- **TTBA의 중요성**: 스윙 중 TTBA가 견고하게 유지될 때, 몸통 회전력이 클럽에 온전히 전달되어 **파워 손실 없이** 일관된 궤도를 그릴 수 있음을 강조합니다.

이러한 시각적 자료는 독자들이 **제로포인트 스윙밴드**를 통해 복잡한 스윙 동작을 **단순화하고 표준화**하며, **저항 Zero** 상태에서 **최고의 효율성**을 달성하는 원리를 직관적으로 이해하도록 도울 것입니다.

CHAPTER 8

TTBA 왼팔 주도 훈련:
오른손 개입의 저항 제거하는 방법

제로포인트 스윙 이론에서 **완벽한 임팩트와 일관된 궤도**를 방해하는 가장 강력한 저항은 바로 **오른손의 과도한 개입**입니다. 오른손이 클럽을 밀거나 돌리려 할 때 **토크 저항**과 **축 저항**이 동시에 발생하며, 스윙은 힘으로 공을 '때리는' 동작으로 변질됩니다.

'왼팔 주도 훈련'은 제로포인트 스윙밴드를 활용하여 오른손의 개입을 차단하고, **클럽을 왼팔에 '매달아' 흔드는 시계추 원리**를 확립함으로써 이러한 저항을 Zero로 만드는 핵심 단계입니다.

1. 오른손 개입이 유발하는 저항(Hands-On Resistance)

일반적으로 오른손은 다음과 같은 방식으로 스윙에 부정적인 저항을 유발합니다.

- **토크 저항 유발**: 오른 손목을 사용해 공을 강하게 치려 하거나, 클럽 페이스를 인위적으로 닫으려 할 때 **클럽 헤드가 비틀리며** 토크 저항이 발생합니다. 이는 슬라이스나 훅의 주범입니다.
- **축 저항 유발(Casting)**: 다운스윙 시작 시 오른팔에 힘을 주어 클럽을 먼저 던지듯 푸는 동작(Casting)은 TTBA(삼각형)를 무너뜨리고 **축 저항**을 일으켜 파워 손실과 일관성 붕괴를 가져옵니다.

- **상·하 저항 유발**: 오른손의 과도한 힘이 스윙의 최저점을 불안정하게 만들어 **탑볼이나 뒷땅**의 원인이 됩니다.

백스윙 시 / 다운스윙 시

2. 왼팔 주도 훈련의 원리: '시계추의 줄' 역할

제로포인트 스윙에서 왼팔은 단순한 그립 도구가 아니라, **클럽이라는 시계추를 스윙 축에 매달고 흔드는 '줄'** 역할입니다. 이 줄은 장력(Tension)을 유지해야 하며, 오른손은 이 줄의 움직임에 **따라갈(Follow)** 뿐, **개입해서는 안 됩니다.**

- **매달림(Hanging)의 지속**: 왼팔에 클럽 헤드의 무게를 느끼며 **'매달린' 상태**를 백스윙 부터 팔로우 스루까지 유지합니다.
- **몸통 회전의 수동적 확장**: 왼팔은 수직 축(몸통)의 회전력에 의해 움직이는 **수동적인 역할**을 수행하며, 오른손의 힘을 필요로 하지 않습니다.

3. 제로포인트 스윙밴드를 활용한 오른손 저항 ZERO 기법

제로포인트 스윙밴드는 왼팔 주도 스윙을 물리적으로 강제하여 오른손의 개입을 차단합니다.

훈련 1: 오른손 무력화(토크 저항 Zero)

- **목표**: 백스윙과 다운스윙 시 오른 손목의 과도한 사용(코킹 풀림 및 뒤집힘)을 억제합니다.
- **밴드의 역할**: 밴드가 왼팔을 몸통에 단단히 묶고, 클럽 헤드가 흔들리는 것을 **밴드의 꼬임**으로 제어합니다. 오른손으로 클럽을 돌리려 하면 밴드의 **저항이 즉각적으로 느껴지면서** 잘못된 동작을 깨닫게 됩니다.
- **훈련 방법**: 밴드를 착용하고 백스윙 중간 지점(TTBA 확인 지점)에서 멈춥니다. 왼팔에 매달린 느낌만으로 몸통을 회전하여 클럽을 움직이고, 오른손은 그립에 **가볍게 얹어 놓은 상태**로 유지합니다.

훈련 2: 왼팔 주도 임팩트(축 저항 Zero)

- **목표**: 임팩트 순간 오른손으로 공을 '때리는' 동작(Casting)을 제거하고, 왼팔이 리드하는 임팩트 자세를 만듭니다.

- **밴드의 역할**: 오른손이 일찍 풀리려 할 때, 밴드는 **목 축에 강한 장력을** 발생시켜 **몸통보다 팔이 앞서 나가는 현상**을 물리적으로 막습니다.
- **훈련 방법**: 밴드를 착용하고 느린 속도로 스윙을 반복합니다. 임팩트 구간에서 왼팔이 **샤프트와 거의 일직선**을 유지하며 타깃 방향으로 길게 뻗어 나가는 느낌에 집중합니다. 오른손은 임팩트 후에도 왼팔의 리드를 따라가는 느낌을 유지해야 합니다.

결론

왼팔 주도 훈련은 오른손의 인위적인 힘을 제거하여 **토크 저항과 축 저항을 동시에** Zero로 만드는 가장 효과적인 방법입니다. **제로포인트 스윙밴드**는 이 훈련의 **물리적 가이드**로서, 골퍼가 말로 설명하기 어려운 '왼팔의 주도적인 감각'을 가장 빠르고 정확하게 체득하도록 돕습니다.

KEY_POINT

왼손과 오른손의 역할에 대해 우선 이해할 수 있어야 한다.

밴드를 왼팔에 매단 상태로 원핸드 스윙을 하는 예시 이미지와 훈련 방법에 대한 상세 가이드입니다. 이 훈련은 **제로포인트 스윙**의 핵심인 '왼팔 주도'와 '상·하 저항 및 축 저항 Zero'를 극대화하여 몸통과 클럽의 일체감(TTBA)을 가장 순수하게 체득하는 데 중점을 둡니다.

◆ 밴드를 이용한 왼팔 원핸드 스윙 훈련

이 훈련은 오른손의 개입을 완전히 배제하고, **제로포인트 스윙밴드**를 통해 **왼팔**이 클럽을 주도하며 **몸의 축을 중심으로 시계추처럼 흔들리는** 감각을 익히는 데 목적이 있습니다.

1. 이미지 구성: 왼팔 원핸드 스윙의 핵심

이미지는 **제로포인트 스윙밴드**를 착용한 채, 왼손으로만 클럽을 잡고 스윙을 하는 모습을 백스윙, 임팩트, 팔로우 스루 세 단계로 연결하여 보여 줍니다.

요소	시각적 표현	제로포인트 이론의 적용 및 증명
밴드 착용 및 왼손 그립	밴드가 목(축)과 왼손으로 잡은 그립을 연결하며 팽팽한 장력을 유지. 오른손은 몸 옆에 가지런히 놓거나, 균형을 잡는 용도로 살짝 펴는 모습.	왼팔 주도 강조: 밴드가 왼팔을 몸의 축에 강력하게 연결하여 축 저항을 차단하고, 스윙을 왼팔이 주도하도록 강제.
왼팔과 클럽의 일체감	왼팔과 클럽 샤프트가 거의 일직선을 이루며 하나의 긴 시계추처럼 움직이는 모습. 스윙 전 과정에서 왼팔이 꺾이거나 손목이 사용되지 않음을 강조.	상·하 저항 및 토크 저항 Zero: 왼팔에 클럽을 '매단' 상태를 유지하여 상·하 저항을 제거하고, 손목 개입 없이 자동 릴리즈가 이루어져 토크 저항을 차단.
몸통 회전	백스윙과 다운스윙에서 몸통이 축을 중심으로 부드럽게 회전하는 모습. 하체와 어깨의 자연스러운 움직임을 표시.	스윙의 동력원: 왼팔이 이끄는 대로 몸통이 따라 회전하며, 몸통 회전이 스윙의 주된 동력원임을 시각화.
스윙 궤적	클럽 헤드가 부드럽고 일정한 인-투-인 궤도를 그리는 원호를 푸른색 실선으로 표시.	궤도 표준화: 왼팔 주도와 축 고정을 통해 가장 효율적인 스윙 궤도가 자동으로 형성됨.
피니시 밸런스	스윙 후 왼발에 체중이 실리고 몸의 균형이 완벽하게 잡힌 모습.	저항 Zero 스윙의 완성: 흔들림 없는 피니시가 축 저항 제거의 결과임을 보여 줌.

2. 왼팔 원핸드 스윙 훈련 방법(밴드 활용)

이 훈련은 오른손의 불필요한 개입을 차단하고, **밴드의 물리적 피드백**을 통해 **몸과 클럽의 일체감**을 순수하게 느끼는 데 초점을 맞춥니다.

• 셋업: 클럽을 '매달아라'

– **자세**: 왼손으로만 클럽을 잡고, 오른손은 몸 옆에 편안히 둡니다. 밴드를 목과 왼손 그립에 연결하고, 클럽 헤드의 무게를 **왼팔에 온전히 매달아 상·하 저항**이 없는 상태를 만듭니다. 이때 밴드의 장력은 최소 장력(1단계)에 가깝게 느껴져야 합니다.

– **밴드 피드백**: 밴드가 느슨하거나 과도하게 당겨지지 않고, 왼팔과 몸의 축이 **안정적으로 연결**된 느낌을 인지합니다.

• 백스윙: 몸통 회전으로 이끌기

– **자세**: 오른손의 개입 없이 **몸통 회전만으로** 왼팔과 클럽을 백스윙합니다. 팔을 들어 올리지 않고, **왼팔이 몸통 회전에 의해 수동적으로 움직이도록** 합니다.

– **밴드 피드백**: 밴드에 **축 저항**으로 인한 장력 변화(느슨함/과한 팽팽함)가 느껴진다면, 이는 몸통 회전이 아닌 팔이나 몸의 쏠림이 발생했다는 신호이므로 즉시 멈추고 자세를 교정합니다. TTBA가 유지되는 감각을 느낍니다.

• 다운스윙 & 임팩트: 시계추처럼 흔들기

– **자세**: 백스윙 탑에서 멈춤 없이 **몸통 회전으로 다운스윙을 시작**하고, 왼팔과 클럽을 **중력과 관성**에 의해 시계추처럼 '**흔듭니다**'. 손목을 사용하지 않고 자동 릴리즈(릴리즈 Zero)가 되도록 합니다.

– **밴드 피드백**: 임팩트 순간 밴드의 **꼬임**이 불규칙하게 뒤틀린다면, 이는 손목을 사용(토크 저항)했다는 신호입니다. 밴드의 **부드럽고 일정한 꼬임**을 유지하며 통과합니다.

- **피니시**: **밸런스 유지**
- **자세**: 스윙을 마친 후 왼발에 체중을 싣고 **3초 이상 흔들림 없는 피니시 밸런스**를 유지
  합니다.
- **밴드 피드백**: 피니시에서 밴드의 장력이 급변하거나 불안정하다면, 스윙 중 **축 저항**이
  발생했음을 의미합니다.

이 **왼팔 원핸드 스윙 훈련**은 **제로포인트 스윙**의 가장 근본적인 원리를 체험하고, **오른**
손의 불필요한 개입을 차단하여 **저항 Zero** 상태에서 **몸통과 클럽의 완벽한 일체감**을 형
성하는 데 매우 효과적인 방법입니다.

CHAPTER 9

임팩트 후 축 고정: 헤드업 방지 훈련

헤드업(Head-Up)은 임팩트 직후 공의 궤적을 확인하기 위해 수직 축(척추)이 성급하게 들리는 현상입니다. 이는 비록 임팩트가 끝난 이후에 발생하지만, **상·하 저항**과 **축 저항**이 피니시까지 이어지는 것을 의미하며, 스윙의 **일관된 마무리**를 방해합니다.

제로포인트 스윙 이론에서는 임팩트 후에도 축을 견고하게 고정하는 것이 '**저항 Zero**' 스윙을 완성하는 마지막 단계이며, 이는 '**휘두르는(Whipping)**' 동작의 핵심입니다.

1. 헤드업이 스윙에 미치는 부정적인 영향

헤드업은 단순한 습관 문제가 아니라, 다음과 같이 스윙의 근본적인 메커니즘을 망가뜨리는 저항의 잔재입니다.

- **최저점 이탈(상·하 저항)**: 임팩트 순간 축을 고정했더라도, 직후에 머리가 들리면 스윙의 **최저점**이 불규칙하게 바뀝니다. 이는 정타를 쳤음에도 불구하고 공이 원하는 방향이나 높이로 가지 않는 뒤틀림(Wobble)을 유발합니다.
- **클럽의 궤도 변형(축 저항)**: 축이 들리면 TTBA(삼각형)와 몸통의 연결이 갑자기 끊어집니다. 클럽이 몸통 회전을 따라가는 것이 아니라, 팔로만 걸어 올리듯 '**풀어지는**' 동작이 발생하며, 일관된 피니시 궤도를 잃게 됩니다.

• **관성 활용 실패**: 클럽 헤드가 가장 빠른 속도로 지나가야 할 **임팩트 직후의 구간**에서 몸의 축이 멈추거나 들리면서 **관성(Momentum)을 최대로 활용하지 못하게** 됩니다.

2. 제로포인트 스윙밴드를 활용한 '축 고정' 훈련 원리

제로포인트 스윙밴드는 임팩트 후에도 목(축)과 **그립**의 연결을 강제하여 **축이 들리는 것을 물리적으로 방지**합니다.

밴드의 역할	축 고정 및 헤드업 방지 원리
장력의 제어	임팩트 후 몸통 회전이 멈추지 않고 클럽을 '휘두르는(Whipping)' 동작으로 이어질 때, 밴드의 장력은 목을 안정적으로 고정시킵니다.
궤도 인식	왼팔 주도로 클럽이 스윙 궤도를 따라 타깃 방향으로 길게 뻗어나가는 동안, 머리가 들리면 밴드가 목을 잡아당기는 강한 저항을 즉시 느끼게 됩니다.
시계추의 완성	클럽이 시계추처럼 원운동을 완벽히 마칠 때까지 축이 움직이지 않도록 고정하여, 저항 ZERO 상태를 피니시까지 유지하도록 돕습니다.

3. 헤드업 방지를 위한 임팩트 후 축 고정 훈련

헤드업 방지 훈련의 핵심은 임팩트 후 '공이 있던 자리'를 눈으로 **오래 응시**하는 것입니다.

• **공 응시 훈련(Eye Fixation)**:
- 밴드를 착용하고 스윙합니다. 임팩트 후 클럽 헤드가 잔디를 지나가는 것을 확인하는 순간까지 **시선은 공이 있던 지점에 고정**합니다.
- **자가 진단**: 머리가 들리려 할 때 **밴드가 목 주변을 조여 오는 듯한 느낌**이 든다면, 축 저항이 발생한 것입니다.

- **왼 어깨 턱 붙이기(Shoulder-Chin Connection):**
- 임팩트 후 **왼 어깨가 턱 밑으로 들어오는(회전하는)** 느낌에 집중합니다. 왼 어깨가 턱을 밀어낼 때까지 머리를 들지 않아야 합니다.
- **밴드의 도움**: 밴드가 목을 고정해 주기 때문에, 왼 어깨가 턱에 붙을 때까지 몸통 회전을 지속하는 **올바른 피니시 동작**을 자연스럽게 익힐 수 있습니다.

- **피니시 후 정지(Post-Impact Pause):**
- 스윙을 마친 후, 피니시 자세에서 **최소 3초 이상 멈춥니다.** 이때 **축이 안정적으로 고정**되어 몸이 흔들리지 않아야 합니다.
- **목표**: 축이 흔들리지 않고 **몸의 밸런스**를 완전히 잡는 것이 **저항 Zero** 스윙의 완성임을 체득합니다.

제로포인트 스윙밴드를 활용한 이 훈련은 헤드업을 유발하는 **나쁜 습관**을 물리적으로 제어하고, **임팩트 후에도 축을 고정**하여 스윙의 일관성과 효율성을 피니시까지 완벽하게 이어지도록 돕습니다.

KEY_POINT
밴드의 장력(텐션)이 바뀌지 않고 유지하려는 의도를 가지는 것이 중요하다.

밴드에 의해 축이 고정되어 임팩트 후에도 상체가 들리지 않도록 제어하는 훈련 예시 이미지에 대한 상세 가이드입니다. 이 이미지는 **제로포인트 스윙**에서 '상·하 저항(Vertical Resistance) Zero'와 '축 저항(Axis Resistance) Zero'를 임팩트 후에도 유지하여, 헤드업(Head-Up)을 방지하고 **일관된 피니시 밸런스**를 만드는 과정을 보여 줍니다.

◆ **밴드를 이용한 임팩트 후 상체 들림(헤드업) 방지 훈련**

이 훈련은 **제로포인트 스윙밴드**가 스윙의 핵심인 축(Axis)을 임팩트 후에도 견고하게 잡아 주어, **상체가 들리는(헤드업)** 오류를 물리적으로 제어하고 **완벽한 피니시 밸런스를** 만드는 과정을 보여 줍니다.

1. 이미지 구성: 임팩트 후 '축 고정'의 순간

이미지는 임팩트 직후부터 팔로우 스루 초기 단계까지, **밴드에 의해 상체가 들리지 않고 제어되는 모습**을 명확히 강조합니다.

요소	시각적 표현	제로포인트 이론의 적용 및 증명
캐릭터의 임팩트 직후 자세	공이 클럽 페이스를 떠난 직후 또는 팔로우 스루 시작 단계의 자세. 상체가 들리지 않고 시선이 공이 있던 자리를 응시하는 모습.	헤드업 방지: 임팩트 후에도 머리 위치가 고정되어 상·하 저항과 축 저항이 발생하지 않음을 시각적으로 증명.
밴드의 역할 강조	밴드가 목(축)과 그립을 팽팽하게 연결하여, 목이 위로 들리거나 축이 뒤로 젖혀지려는 힘을 물리적으로 아래로 잡아당겨 제어하는 모습.	강력한 축 고정: 밴드의 장력이 상체가 들리는 상·하 저항과 몸이 뒤로 젖혀지는 축 저항을 물리적으로 억제하여, 스윙 축이 견고하게 유지되도록 강제.
몸의 축 (척추)	척추를 중심으로 한 수직 축이 임팩트 후에도 일정한 각도와 위치를 유지하며, 몸통이 타겟 방향으로 부드럽게 회전하는 모습.	축 저항 ZERO: 스윙 전반에 걸쳐 축이 흔들림 없이 유지되었음을 시각화.

왼팔과 클럽의 연결	왼팔이 펴져 있고 클럽과 함께 타겟 방향으로 길게 뻗어 나가는 모습. 손목이 꺾이거나 클럽을 퍼 올리는 동작 없음.	릴리즈 Zero의 연속: 밴드 덕분에 손목을 사용하지 않고 몸통 회전만으로 클럽이 넘어가는 자동 릴리즈가 가능하여, 헤드업을 유발하는 인위적인 동작이 차단됨.
하체와 골반 회전	왼발에 체중이 완전히 실리고, 골반이 타겟 방향으로 충분히 열린 모습.	Zero 템포의 결과: 몸통 회전이 스윙을 주도하여 클럽을 넘기고, 피니시까지 밸런스를 유지하는 동력을 제공.

2. 교육적 의미: 일관된 임팩트와 피니시의 완성

이 이미지는 독자들이 **제로포인트 스윙밴드**를 통해 **헤드업**과 같은 치명적인 오류를 어떻게 제어하고, **일관된 스윙과 완벽한 피니시 밸런스**를 달성하는지에 대한 핵심적인 통찰을 제공합니다.

• **오류의 물리적 차단**: 밴드가 **상체가 들리는 물리적 행위**를 직접적으로 막아 주어, 골퍼가 의식적으로 헤드업을 참고 고치려 노력하는 것보다 **훨씬 효과적**임을 보여 줍니다.

- **저항 Zero 스윙의 완성**: 임팩트 후에도 축이 고정된다는 것은 **상·하 저항**과 **축 저항**이 스윙의 끝까지 Zero 상태로 유지되었음을 의미하며, 이는 **파워와 정확성의 손실 없이** 완벽한 스윙을 만들었다는 증거입니다.
- **피니시 밸런스의 기반**: 헤드업이 방지되면 몸의 밸런스가 흐트러지지 않아, **안정적이고 균형 잡힌 피니시**로 자연스럽게 연결될 수 있음을 강조합니다.

이 임팩트 후 제어 이미지는 **제로포인트 스윙밴드**가 스윙의 전 과정에서 **오류를 방지하고 일관성을 증진**시키는 데 얼마나 중요한 역할을 하는지 명확하게 보여 줄 것입니다.

CHAPTER 10

거리 통제의 과학: 밴드 장력의 3단계 표준화

파크골프는 짧은 비거리 내에서 정확한 거리 통제(Distance Control)가 승패를 좌우하는 핵심 요소입니다. 제로포인트 스윙 이론에서 거리 통제는 팔의 힘이나 스윙 크기로 조절하는 것이 아니라, **저항 Zero** 상태를 유지하며 **밴드 장력**을 활용한 '시계추 궤도의 표준화'를 통해 이루어집니다.

이 장에서는 **제로포인트 스윙밴드**의 장력을 3단계로 표준화하여 일관된 거리 통제력을 확보하는 과학적인 방법을 설명합니다.

1. 거리 통제의 핵심 원리: '저항 Zero 상태에서의 스윙 속도'

밴드를 통해 3대 저항(축, 상·하, 토크)을 Zero로 만든 상태에서는, 스윙의 크기가 아닌 클럽 헤드가 움직이는 속도(관성)가 거리를 결정합니다. 이 속도를 조절하는 가장 일관된 방법이 바로 밴드의 '장력(Tension)'을 느끼며 스윙하는 것입니다.

- **밴드 장력의 정의**: 밴드가 목(축)과 그립을 잡아당기는 팽팽함의 정도.
- **장력과 속도의 관계**: 스윙 크기가 커질수록 밴드에 걸리는 장력이 강해지며, 이 강해진 장력(Tension)은 다운스윙 시 관성 모멘텀(Momentum)을 증폭시켜 클럽 헤드의 속도를 높입니다.

2. 밴드 장력의 3단계 표준화

초보자도 쉽게 거리를 통제하고 일관성을 확보할 수 있도록, 스윙 크기와 목적에 따라 밴드 장력을 세 가지 레벨로 표준화합니다.

단계	스윙 크기 및 목적	밴드의 장력 느낌
1단계: 최소 장력(Minimum Tension)	퍼팅/칩샷 (약 10m 이내)	밴드가 느슨하지 않을 정도의 최소한의 장력. 클럽을 '매단' 상태에서 오직 팔과 어깨의 작은 시계추 움직임만 사용.
2단계: 중간 장력(Moderate Tension)	어프로치/하프 스윙 (약 30m~50m)	밴드가 몸통 회전에 의해 팽팽하게 당겨지는 느낌. 클럽이 허리 높이까지 올라가 TTBA가 몸통에 연결됨.
3단계: 최대 장력(Maximum Tension)	풀 스윙/장타 (최대 비거리)	밴드가 최대로 늘어나 축을 강하게 고정하는 느낌. 백스윙 탑에서 클럽이 어깨 높이까지 올라가며 장력 극대화.

3. 밴드 장력을 활용한 훈련 방법

제로포인트 스윙밴드를 착용하고 3단계 장력을 반복 훈련하여, 손의 감각이 아닌 **밴드의 장력**을 통해 거리를 '측정'하는 감각을 익혀야 합니다.

- **장력 인지 훈련**: 밴드를 착용하고 백스윙 크기를 1단계(퍼팅), 2단계(하프), 3단계(풀)로 각각 다르게 해 봅니다. 각 단계에서 **목 주변과 팔에 걸리는 밴드의 팽팽함**의 차이를 명확하게 인지하고 기억합니다.
- **팔로우 스루 통제**: 밴드 장력은 임팩트 후에도 유지되어야 합니다. 특히 1단계와 2단계에서는 **오른팔의 개입 없이(왼팔 주도)** 밴드의 장력만으로 스윙을 멈추는 연습을 합니다. 이는 거리를 원하는 지점에서 정확하게 '끊어 치는' 능력을 향상시킵니다.
- **일관성 시험**: 동일한 장력(예: 2단계)으로 10개의 공을 연속으로 쳐 봅니다. 모든 샷에서 **밴드의 장력 느낌**이 동일해야 합니다. 만약 거리가 들쭉날쭉하다면, 이는 밴드 장력이 일정하지 않았거나 **축 저항**이나 **토크 저항**이 개입했음을 의미합니다.

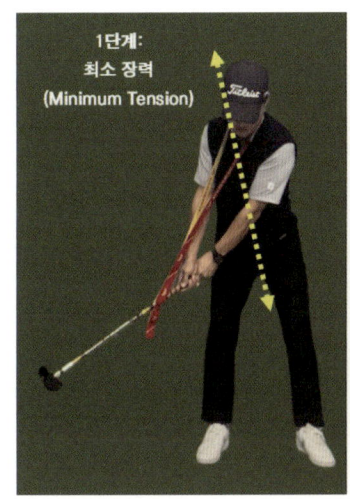

1단계:
최소 장력
(Minimum Tension)

2단계:
중간 장력
(Moderate Tension)

3단계:
최대 장력
(Maximum Tension)

결론

　제로포인트 스윙밴드를 활용한 장력의 3단계 표준화는 파크골프에서 필요한 **거리 통제의 과학**입니다. 팔의 힘 대신 **밴드의 물리적 장력**을 기준으로 삼음으로써, 골퍼는 스윙의 일관성을 훼손하지 않고도 필요한 거리를 **정확하고 반복적으로** 만들어 낼 수 있습니다.

KEY_POINT

골프(파크골프)는 중심이 잡힌 원운동이므로 반지름을 일정하게 유지하는 것이 중요하다.

◆ **밴드 장력 3단계 이미지의 시각적 강조 포인트(교재 활용 가이드)**

이 이미지는 **제로포인트 스윙밴드**가 거리 통제의 '물리적 지표'가 되는 원리를 시각적으로 명확하게 보여 주는 핵심 자료가 됩니다. 각 이미지에는 밴드의 장력(Tension)과 꼬임(Torsion)이 스윙 크기에 따라 어떻게 변하고, 이것이 스윙 메커니즘에 어떤 영향을 미치는지 강조되어야 합니다.

1. 최소 장력(퍼팅/칩샷)

- **스윙 크기**: 가장 작음. 어깨와 팔이 만드는 삼각형(TTBA)이 거의 깨지지 않고, 몸통 회전은 미미하거나 거의 없음. 클럽 헤드가 발끝을 벗어나지 않는 짧은 스윙.

- **밴드의 상태**:
- **장력**: 밴드가 목과 그립을 잇는 장력이 **가장 약함**. 밴드가 **느슨하게 매달려 있는 느낌**에 가깝지만, 완전히 축 처지지는 않아야 함.
- **꼬임**: 밴드의 **꼬임이 거의 없음**. 클럽 페이스가 거의 열리거나 닫히지 않고 직선적으로 움직임.

- **강조 포인트**: '매달린' 상태에서 팔과 어깨의 작은 시계추 운동만으로 방향성을 제어하는 모습. **'저항 Zero' 상태를 최소한으로 유지**하는 것에 초점.

1단계:
최소 장력
(Minimum Tension)

중심축 유지

2. 중간 장력(어프로치/하프 스윙)

- **스윙 크기**: 중간 크기. 백스윙 시 클럽 샤프트가 지면과 평행하거나 허리 높이까지 올라감. 몸통 회전이 시작되며 TTBA가 몸통에 연결됨.

- **밴드의 상태**:
- **장력**: 밴드가 목과 그립 사이에서 **팽팽하게 당겨지는 느낌**. 목 주변과 팔에 **확실한 긴장감**이 느껴져야 함.
- **꼬임**: 클럽 헤드가 인-투-인 궤도를 따라 움직이면서 **밴드에 미세한 꼬임**이 발생하기 시작함. 이는 클럽 페이스의 자연스러운 로테이션을 의미.

- **강조 포인트**: '매달고' '흔드는' 동작에서 몸통 회전이 시작되며 **밴드의 장력**이 거리의 지표가 되는 모습. **토크 저항**과 **축 저항**이 없는 상태에서 안정적인 중간 거리 스윙 구현.

2단계:
중간 장력
(Moderate Tension)

중심축 유지

3. 최대 장력(풀 스윙/장타)

- **스윙 크기**: 가장 큰 크기. 백스윙 탑에서 클럽이 어깨 높이 또는 그 이상까지 올라감. 몸통과 하체의 회전이 최대로 이루어지며, **'휘두르는'** 동작으로 전환.

- **밴드의 상태**:
- **장력**: 밴드가 **최대로 늘어나 축을 강하게 고정**하는 느낌. 목과 어깨, 팔 전체에 강한 팽팽함이 느껴져야 함.
- **꼬임**: 백스윙 탑에서 **밴드의 꼬임이 가장 강하게 발생**하며, 이는 클럽 헤드가 인-투-인 궤도를 따라 자연스럽게 준비되었음을 의미.

- **강조 포인트**: 3대 저항이 모두 Zero인 상태에서, 몸통의 최대 회전과 왼팔의 주도적인 움직임으로 클럽 헤드의 **최대 속도와 관성**을 활용하는 모습. 밴드가 **축 고정**과 **토크 제어**를 완벽하게 수행하는 것을 시각적으로 보여 줌.

3단계:
최대 장력
(Maximum Tension)

중심축 유지

이러한 세 가지 이미지를 통해 독자들은 **제로포인트 스윙밴드**가 단순히 스윙의 형태를 교정하는 것을 넘어, **밴드의 장력과 꼬임 변화**를 통해 **거리 통제와 스윙의 질**을 스스로 인지하고 개선할 수 있는 **과학적인 훈련 도구**임을 명확히 이해하게 될 것입니다.

PART 4

핵심 메커니즘 3: 밴드로 클럽을 '휘두르고'(템포저항) 훈련

제로포인트 스윙밴드의 메인 슬로건인 '매달고' '흔들고' 휘두르고 중 세 번째 키워드인 '휘두르고'는 골프스윙의 마지막 저항인 템포저항을 유지하는 훈련 법입니다. 앞서 언급한 3대 저항이 Zero인 상태에서 일정한 템포를 만들어 낼 수 있는 훈련은 스윙의 마지막 필수 요소입니다.

CHAPTER 11

Zero 템포:
밴드가 알려 주는 스윙 리듬

제로포인트 스윙 이론에서 'Zero 템포'는 단순히 스윙 속도를 맞추는 것을 넘어, 3대 저항(축, 상·하, 토크)이 **Zero**인 상태에서 **밴드의 장력과 꼬임** 변화를 느끼며 **가장 효율적인 힘의 전달이 이루어지는 리듬**을 의미합니다. 밴드는 스윙의 물리적 가이드일 뿐만 아니라, 스윙을 **일관된 리듬**으로 유도하는 **메트로놈(Metronome)** 역할을 수행합니다.

1. Zero 템포의 정의: '밴드의 이완과 긴장' 주기

Zero 템포는 몸과 클럽이 하나의 시계추처럼 움직이며 **밴드의 장력이 이완되었다가 다시 긴장하는 주기**를 통해 결정됩니다.

- **백스윙(이완 → 긴장)**: 스윙을 시작할 때, 클럽을 '**매달아(Hanging)**' 시작하면 밴드의 장력이 천천히 증가합니다. 백스윙 탑에 도달할 때 **밴드의 장력이 최대로 긴장**하며 멈춤 없이 다운스윙으로 전환될 준비를 합니다.
- **잘못된 템포**: 백스윙을 너무 빠르게 들면 밴드 장력이 급격히 팽팽해져 **축 저항**이 발생하고, 밴드의 장력을 충분히 느끼지 못해 리듬이 깨집니다.

- **다운스윙 &임팩트(긴장 → 이완)**: 다운스윙이 시작되면 몸통 회전에 의해 밴드의 긴장이 풀리며 클럽 헤드가 가속됩니다. **임팩트 순간**은 밴드의 긴장이 **일시적으로 Zero에 가장 가깝게 이완**되었다가 다시 팔로우 스루로 이어지는 순간입니다.
- **잘못된 템포**: 다운스윙을 성급하게 시작하거나 팔로만 치려 하면(Casting), 밴드의 긴장이 **갑자기 무너지며 축 저항**이 발생하고, **토크 저항**이 개입됩니다.

2. 밴드가 알려 주는 스윙 리듬: '하나-둘'의 단순화

복잡한 스윙 템포를 제로포인트 스윙밴드는 '하나-둘'의 단순한 리듬으로 표준화합니다.

리듬 구간	스윙 동작	밴드의 상태와 역할
하나(1)	백스윙 탑 도착(Slow)	밴드의 장력이 최대로 긴장하는 순간을 충분히 느끼고 머뭇거림 없이 자연스럽게 멈춥니다.
둘(2)	다운스윙, 임팩트, 팔로우 스루(Fast)	몸통 회전에 의해 밴드의 긴장이 풀리며 클럽이 관성에 의해 빠르게 통과하도록 허용합니다.

Zero 템포의 핵심: '하나' 구간에서 밴드의 긴장을 충분히 느껴 **축 고정**을 확인하고, '둘' 구간에서 밴드의 **저항 Zero** 상태를 이용해 클럽 헤드를 **관성적으로 휘두르는** 것입니다.

3. Zero 템포 훈련: 리듬의 일관성 확보

Zero 템포는 밴드를 통해 **몸이 기억하는 물리적인 감각**으로 익혀야 합니다.

- **매다는 템포 연습**: 어드레스에서 클럽을 왼팔에 '**매달아**' 최소 장력(1단계)을 느낀 후, '하나'에 백스윙을 끝내고 '둘'에 임팩트까지 스윙합니다. 각 단계에서 **밴드의 장력 변화가 부드럽고 일관적인지** 확인합니다.
- **멈춤 없는 전환(Transition)**: 백스윙 탑에서 **잠시도 멈추지 않고** 다운스윙으로 전환하는 리듬을 연습합니다. 밴드의 **최대 긴장** 상태를 확인하는 것만으로 리듬을 이어 가야 합니다. 밴드가 축을 잡아 주고 있으므로, 불안정한 **스웨**이나 **리버스 피벗** 걱정 없이 빠르게 전환할 수 있습니다.
- **휘두르는 템포 완성**: 밴드의 장력이 임팩트 후에도 **일관되게 유지**되면서 클럽이 피니시까지 '**휘두르는(Whipping)**' 관성적인 동작으로 이어지도록 합니다. **헤드업**을 방지하여 축을 고정함으로써 리듬의 완성도를 높입니다.

제로포인트 스윙밴드는 이러한 '밴드의 장력 주기'를 통해 Zero **템포**를 몸에 각인시켜 줍니다. 리듬이 일정해지면 스윙의 일관성은 자연스럽게 확보되며, **저항이 Zero인 상태에서 클럽 헤드의 최대 속도**를 가장 효율적인 타이밍에 만들어 낼 수 있습니다.

> **KEY_POINT**
> 골퍼 자신만의 템포(리듬)을 정하고 일관되게 구현할 수 있어야 한다.

밴드 장력이 일정하게 유지되는 '**최적의 속도**' 훈련과, 급격한 힘(템포 저항)으로 인해 밴드 장력이 무너지는 모습을 대비하는 가이드입니다. 이 이미지는 **제로포인트 스윙**의 핵심인 '**Zero 템포**'와 '**3대 저항 Zero**' 상태를 가장 직관적으로 보여 주는 중요한 교육 자료입니다.

◆ '**최적의 속도**'와 '**템포 저항**' 비교 이미지 설명

이 이미지는 **제로포인트 스윙밴드**를 활용하여 가장 효율적인 스윙 리듬(Zero 템포)을 찾는 과정과, 인위적인 힘으로 인해 리듬이 깨지는 순간(**템포 저항**)을 극명하게 대비시킵니다.

1. 이미지 구성(두 가지 극단적인 상태의 대비)

이미지는 'Zero 템포(성공)'와 '템포 저항(실패)'의 두 가지 스윙 상태를 나란히 배치하여, **밴드의 장력**이 어떻게 리듬의 지표가 되는지 보여 줍니다.

요소	Zero 템포(성공: 최적의 속도)	템포 저항(실패: 급격한 힘)
스윙 단계	다운스윙 중간 지점 또는 임팩트 직전 (가속이 최고조에 달하는 순간)	다운스윙 전환 또는 시작 단계 (성급하게 힘을 쓰는 순간)
캐릭터 동작	몸통 회전과 클럽이 부드럽고 유기적으로 연결되어 흔들림 없는 자세. 힘들이지 않는 듯한 모습.	몸통이 멈추고 팔로만 클럽을 내리치려는(Casting) 모습. 상체가 앞으로 쏠리거나 경직되어 보임.
밴드의 상태 강조	밴드가 목과 그립 사이에서 일정하고 안정적인 팽팽함을 유지. 장력이 급변하지 않고 스윙 궤도를 부드럽게 따라가는 모습.	밴드 장력이 순간적으로 무너지거나 심하게 뒤틀림/쏠림. 급격한 힘의 개입으로 밴드의 연결성이 불안정해진 모습.
몸의 축 (척추)	축이 견고하게 고정되어 있으며, 밴드가 축을 중심으로 균형을 잡고 있음.	축이 타겟 방향으로 쏠리거나 뒤로 젖혀지는 등 불안정함을 노출(축 저항 발생).
교육적 의미	Zero 템포가 곧 3대 저항 Zero 상태임을 증명. 힘이 아닌 관성으로 스윙하는 효율성.	템포 저항이 축 저항(쏠림)과 토크 저항 (비틀림)을 유발하여 스윙을 붕괴시킴을 증명.

2. 교육적 활용 및 훈련 노하우

이 이미지를 활용하여 독자들이 '최적의 속도'를 찾는 훈련을 지도합니다.

훈련 1: 밴드 장력 균형점 찾기

- **목표**: Zero **템포**에서 밴드 장력의 **일정함**을 몸으로 기억합니다.
- **방법**: 밴드를 착용하고 **1단계(최소 장력)** 스윙부터 시작하여, **가장 부드럽고 편안하게** 클럽이 흔들리는 속도를 찾습니다. 이때 밴드가 **급격히 팽팽해지거나 느슨해지는 구간이 없도록** 주의하며 스윙 속도를 서서히 올립니다.
- **밴드 피드백**: 밴드의 장력이 **일정하게 유지**된다면, 그것이 곧 본인의 '최적의 속도'이며 Zero **템포**가 작동하고 있다는 신호입니다.

훈련 2: '템포 저항' 감지 및 멈추기

- **목표**: 스윙 중 인위적인 힘이 들어가는 순간(템포 저항)을 밴드의 급변하는 장력을 통해 즉시 인지합니다.
- **방법**: 다운스윙을 시작할 때, **'공을 때리려는'** 충동이 들거나 **팔에 힘이 들어가기 시작하는 순간** 밴드의 장력이 **무너지거나 쏠리는** 것을 감지하고 **즉시 스윙을 멈춥니다.**
- **밴드 피드백**: 밴드가 비정상적으로 변화하는 순간이 바로 Zero **템포**를 잃고 **저항이 개입**된 지점입니다. 이 훈련을 통해 독자는 **불필요한 힘을 쓰는 순간**을 몸으로 깨닫고 교정할 수 있습니다(TTBA가 무너지는 순간).

결론

제로포인트 스윙밴드는 스윙 리듬의 **물리적 측정 장치**로서, '최적의 속도'에서는 **일정한 장력**을 보여 주고, '**템포 저항**' 시에는 **장력의 무너짐**을 통해 **저항의 개입**을 즉시 경고합니다. 이 비교 이미지는 **일관된 스윙**이 Zero 템포에서 나온다는 것을 가장 과학적으로 증명합니다.

이러한 이미지들은 독자들이 **제로포인트 스윙밴드**를 활용하여 스윙 리듬의 오류를 시각적, 감각적으로 인지하고 수정하는 데 결정적인 도움을 줄 것입니다.

CHAPTER 12

릴리즈 Zero:
인위적인 손목 토크 저항 제거

제로포인트 스윙 이론에서 '릴리즈 Zero'는 임팩트 이후 클럽을 **인위적으로 돌리거나** (Rolling) **꺾는(Flipping)** 동작을 완전히 제거한 상태를 의미합니다. 이 인위적인 동작은 스윙의 3대 저항 중 토크 저항(Torque Resistance)을 발생시켜 방향성을 해치는 주범입니다.

'릴리즈 Zero'는 클럽을 손으로 조작하지 않고 몸통의 회전(TTBA 연결)과 **시계추 원리**에 맡겨 **토크 저항을 Zero**로 만드는 **자동 릴리즈 메커니즘**을 완성합니다.

1. 인위적인 손목 토크 저항의 문제점

일반적으로 골퍼들은 공을 멀리 보내거나 똑바로 치기 위해 임팩트 직후 손목을 사용하여 클럽 페이스를 닫으려 합니다. 이 과정에서 다음과 같은 저항이 발생합니다.

- **토크 저항 극대화**: 손목을 인위적으로 돌리는 순간, 클럽 페이스가 급격히 닫히거나 (훅 유발) 열리게(슬라이스 유발) 됩니다. **밴드의 꼬임**이 불규칙해지며 일관된 궤도 (인-투-인)를 잃습니다.
- **축 저항 유발**: 손목을 사용하려는 힘이 몸통 회전보다 빨라져 TTBA(삼각형)의 연결이 끊어지고 **팔과 몸이 분리**됩니다. 이는 스윙 축에 부담을 주어 **축 저항**을 발생시킵니다.

- **헤드업 유발**: 클럽을 손으로 '걷어 올리듯' 치려는 동작은 필연적으로 **상·하 저항**과 **헤드업**을 유발하여 스윙의 마무리까지 망가뜨립니다.

2. 릴리즈 Zero의 원리: 시계추의 자동 로테이션

'릴리즈 Zero'는 클럽 헤드의 움직임을 **중력과 관성**에 의한 **시계추의 자동 로테이션**으로 단순화합니다.

- **왼팔 주도의 릴리즈**: 왼팔이 스윙 축에 **'매달린' 시계추의 줄** 역할을 하며, 몸통 회전에 의해 **수동적으로** 타겟 방향으로 뻗어 나갑니다. 오른손은 왼팔의 리드를 따라갈 뿐, 클럽을 돌리려는 어떠한 힘도 주지 않습니다.
- **밴드의 꼬임 제어**: 제로포인트 스윙밴드는 목(축)과 그립을 연결하여 **클럽 헤드가 인위적으로 열리거나 닫히는 동작을 물리적으로 제어**합니다. 클럽 헤드는 밴드의 장력과 꼬임의 안내에 따라 **가장 효율적인 궤도**에서 스퀘어를 유지하며 통과합니다.
- **관성에 의한 릴리즈**: 클럽 헤드가 임팩트 후 **몸의 회전 관성**에 의해 자연스럽게 넘어가도록 내버려둡니다. 이 과정에서 발생하는 자연스러운 클럽의 롤링(Rolling)이 바로 **릴리즈 Zero** 상태의 릴리즈입니다.

3. 제로포인트 밴드를 활용한 릴리즈 Zero 훈련

'릴리즈 Zero' 훈련은 **왼팔 주도 훈련**의 연장선상에 있으며, 스윙밴드를 통해 손목의 토크 저항을 직접 감지하고 제거하는 데 중점을 둡니다.

• **릴리즈 Zero 감각 익히기**:
- **훈련**: 밴드를 착용한 채, 임팩트 순간 **양 손등이 하늘이나 땅을 보는 것이 아니라**, 타겟 방향을 향해 **함께 나란히(Parallel)** 나간다는 느낌에 집중합니다.
- **밴드의 신호**: 오른 손목을 사용해 클럽을 돌리려 하면 밴드에 **불규칙한 꼬임**이 즉시 발생하여 **토크 저항**이 들어갔음을 알려 줍니다. 밴드가 **가장 부드럽고 일정하게 풀리는** 감각이 **릴리즈 Zero** 상태입니다.

• **왼손등 각도 유지**:
- **훈련**: 임팩트 후 클럽 샤프트가 지면과 다시 평행할 때까지 왼손등의 각도를 **최대한 어드레스 때와 유사하게** 유지하려 노력합니다. 왼손등이 하늘을 보며 꺾이는 동작(Scooping)을 피합니다.
- **밴드의 도움**: 밴드가 왼팔과 몸통의 연결(TTBA)을 유지해 주기 때문에, 손목을 사용하지 않고 **몸통 회전**만으로 릴리즈를 수행하기가 훨씬 수월해집니다.

결론

　제로포인트 스윙밴드는 **토크 저항**을 유발하는 인위적인 손목 릴리즈를 물리적으로 차단하고, 클럽을 **시계추의 자동 로테이션**에 맡기는 **'릴리즈 Zero' 메커니즘**을 완성합니다. 이로써 골퍼는 손목의 조작 없이도 **일관된 방향성**과 **깨끗한 임팩트**를 반복할 수 있습니다.

KEY_POINT

장력(텐션)과 꼬임에 의한 자연스러운 릴리즈를 구현할 수 있어야 한다.

◆ '손목 고정–몸통 회전 임팩트' 이미지의 교육적 활용 방안

제로포인트 스윙 이론에서 3대 저항(축, 상·하, 토크)을 모두 **Zero**로 만들고 **완벽한 임팩트**를 구현하는 핵심 원리를 시각적으로 보여 주는 데 필수적인 자료입니다. 특히 '릴리즈 Zero'와 '왼팔 주도 훈련'의 궁극적인 결과물을 보여 줍니다.

이미지의 핵심 시각 요소

• **임팩트 순간의 자세**:
– **헤드 위치**: 어드레스 때와 거의 동일하게 고정된 머리 위치(상·하 저항 Zero).
– **몸통 회전**: 하체가 열리고, 어깨와 몸통이 타겟 방향으로 충분히 회전한 모습(축 저항 Zero).
– **왼팔과 클럽의 일직선**: 임팩트 순간 왼팔과 클럽 샤프트가 거의 일직선을 이루며 타겟 방향으로 뻗어 나가는 강력한 파워 라인 형성(릴리즈 Zero, 축 저항 Zero).
– **오른팔**: 오른팔은 왼팔의 리드를 따라가며 클럽을 '미는' 것이 아니라, '동반하는' 형태로 보조적인 역할만 수행(토크 저항 Zero).

• **밴드의 상태 강조**:
– **장력**: 밴드가 목과 그립 사이에서 **팽팽하게 긴장된 상태**를 유지하며, **몸통 회전의 힘**이 클럽으로 온전히 전달되고 있음을 시각적으로 표현.
– **꼬임**: 밴드의 꼬임이 **가장 안정적이고 규칙적인 상태**를 유지하며, 클럽 페이스가 목표 방향에 정확히 스퀘어를 이루고 있음을 암시(토크 저항 Zero).

- **손목의 고정**:
- **손목 각도**: 임팩트 순간 손목이 **꺾이거나(Flipping) 뒤집히지 않고(Scooping)**, 어드레스 때의 각도 또는 약간의 콕(Lag)을 유지하며 견고하게 고정된 모습.
- **그립**: 밴드에 의해 손목이 물리적으로 고정되어 **인위적인 클럽 조작이 불가능한 상태**임을 명확히 보여 줌.

교재에서의 설명 포인트

강조 효과	제로포인트 이론과의 연결
3대 저항 Zero의 집약	이 이미지는 상·하 저항, 토크 저항, 축 저항이 모두 제거된 완벽한 '저항 Zero 지점'을 시각적으로 구현한 것입니다.
몸통 스윙의 정점	팔이나 손의 힘이 아닌 몸통 회전력이 클럽을 주도적으로 움직여 임팩트를 만들어 내는 제로포인트 스윙의 핵심 원리를 보여줍니다.
자동 릴리즈의 완성	밴드에 의해 손목이 고정되어 인위적인 릴리즈가 차단되고, 클럽 헤드가 관성에 의해 자동으로 스퀘어를 이루며 공을 통과하는 '릴리즈 Zero' 상태를 명확히 제시합니다.
일관성과 파워의 근원	모든 저항이 제거된 상태에서 몸통 회전력을 통해 만들어진 임팩트는 파워 손실 없이 공에 전달되어 일관된 방향성과 최적의 비거리를 확보하게 됨을 설명합니다.

이 이미지는 독자들이 **제로포인트 스윙밴드**를 통해 궁극적으로 달성하고자 하는 '완벽한 임팩트'의 모습을 명확히 제시하고, 밴드가 어떻게 그 목표 달성을 위한 **물리적 가이드이자 교정 도구**가 되는지 효과적으로 전달할 수 있을 것입니다.

CHAPTER 13

피니시 밸런스: 축 유지의 최종 점검

피니시 밸런스는 **제로포인트 스윙**의 최종 목표이자, 스윙 전반에 걸쳐 3대 저항(축, 상·하, 토크 저항)이 성공적으로 **Zero** 상태로 유지되었음을 증명하는 최종 점검 단계입니다. 완벽한 밸런스로 마무리된 피니시는 **수직 축 고정**이 피니시까지 이어져 **에너지 전달의 효율성**이 극대화되었음을 의미합니다.

이 장에서는 피니시 밸런스의 중요성을 이해하고, 제로포인트 스윙밴드를 활용하여 축을 안정적으로 유지하는 방법을 설명합니다.

1. 피니시 밸런스의 정의: 저항 Zero의 결과물

완벽한 피니시 밸런스는 **임팩트 후에도 몸의 중심축이 흔들리지 않고** 회전 관성에 의해 클럽이 자연스럽게 넘어간 상태에서 **몸의 무게 중심이 왼발에 안정적으로 실린 상태**를 말합니다.

- **축 유지의 증명**: 피니시에서 몸이 흔들리거나, 뒷발이 떨어지거나, 머리가 들린다면(헤드업), 이는 스윙의 특정 단계에서 **축 저항**이나 **상·하 저항**이 발생하여 **에너지가 손실**되었음을 의미합니다.
- **Zero 템포의 완성**: Zero 템포에 맞춰 클럽을 '**휘두르는(Whipping)**' 동작이 원심력

을 따라 자연스럽게 이루어졌을 때, 몸은 가장 효율적인 피니시 자세를 스스로 취하게 됩니다.

2. 제로포인트 밴드가 알려 주는 피니시 밸런스 점검

제로포인트 스윙밴드는 피니시 자세에서 **축 저항**이 남아 있는지 여부를 물리적인 피드백을 통해 최종 점검하게 해 줍니다.

잘못된 피니시 (저항 잔존)	밴드의 피드백 및 교정 원리
몸이 뒤로 젖혀짐	밴드의 장력: 임팩트 시 오른손을 너무 일찍 풀어 클럽을 퍼 올렸을 때(Casting), 축이 뒤로 젖혀지며 밴드의 장력이 갑자기 무너집니다.
몸이 앞으로 쏠림	밴드의 압박: 다운스윙 시 몸이 타겟 방향으로 과도하게 쏠렸을 때(Over-Sway), 밴드가 목을 앞으로 강하게 잡아당겨 축 저항이 남아 있음을 알립니다.
헤드업	밴드의 당김: 피니시에서 머리를 일찍 들면 밴드가 목을 위로 잡아당기며 상·하 저항이 발생했음을 즉각적으로 알려 줍니다.
올바른 피니시 (Zero 밸런스)	밴드의 느낌: 밴드의 장력이 안정적이고 부드럽게 유지되며, 클럽 헤드의 무게가 몸통을 중심으로 자연스럽게 넘어간 균형 잡힌 안정감이 느껴집니다.

중심축 유지 + TTBA에 의한 리드   안정된 피니쉬 완성

3. 피니시 밸런스 확보 훈련: 축 유지의 최종 점검

제로포인트 스윙밴드를 활용하여 피니시 밸런스를 확보하는 훈련은 **저항 Zero** 상태를 스윙의 끝까지 이어 가는 데 중점을 둡니다.

- **3초 정지 훈련:**
- **훈련**: 스윙을 끝낸 후 **피니시 자세에서 3초 이상** 흔들림 없이 정지합니다. 이때 모든 체중은 **왼발**에 실려야 하며, 오른발은 가볍게 지면에 닿아 있거나 들려 있어야 합니다.
- **목표**: 이 3초 동안 **밴드의 장력이 일정하게 유지**되는지 확인합니다. 축이 흔들리면 밴드의 장력도 변하여 밸런스에 문제가 있음을 알려 줍니다.

- **왼발 축 회전 확인:**
- **훈련**: 피니시 자세에서 몸의 중심이 **왼발 허벅지 안쪽**을 축으로 완벽하게 회전되어 몸통과 어깨가 타겟 방향을 향하도록 합니다.
- **밴드의 도움**: 밴드 덕분에 축이 고정되어 있으므로, 왼쪽 벽을 만들고 몸통을 **왼쪽 축을 중심으로 강하게 회전**시키는 훈련에 집중할 수 있습니다.

- **릴리즈 Zero 후 시선 처리:**
- **훈련**: 임팩트 후 **왼팔이 주도**하여 클럽을 넘기고 **헤드업**을 하지 않은 상태(시선이 공이 있던 자리 응시)로 피니시 자세를 만듭니다. 이후 **왼쪽 어깨가 턱을 밀어낼 때** 비로소 시선을 타겟으로 돌립니다.
- **결과**: 축이 들리거나 쏠리지 않고 **완벽하게 고정**된 상태에서 스윙을 마무리하며 **일관된 밸런스**를 몸에 각인시킵니다.

제로포인트 스윙밴드는 스윙의 시작부터 끝까지 **축 저항**을 제어하고, **피니시 밸런스**라는 최종 결과물을 통해 골퍼 스스로 **저항 Zero** 스윙이 완벽하게 이루어졌는지 최종 점검할 수 있도록 돕는 **마지막 확인 단계**의 필수 도구입니다.

> **KEY_POINT**
> 밴드 장력(텐션)에 의한 임팩트와 릴리즈가 우선되어야 안정된 피니시를 만들 수 있다.

◆ '피니시 밸런스 훈련' 이미지의 교육적 활용 방안(축 저항 점검)

이 이미지는 **제로포인트 스윙**의 **'피니시 밸런스'** 단계에서 축 저항(Axis Resistance) 이 어떻게 드러나며, 밴드가 이를 어떻게 감지하고 교정하는지 시각적으로 보여 주는 데 매우 중요합니다.

이미지 구성(두 가지 대비)

1) '완벽한 피니시 밸런스' 예시 이미지

• **캐릭터의 자세:**

– **안정적인 축**: 머리가 고정되고 척추 각도가 바르게 유지된 채, 몸통이 타겟 방향으로 완전히 회전한 모습.

– **체중 이동**: 왼발에 체중이 100% 실리고, 오른발은 가볍게 들려 있거나 앞꿈치만 지면 에 닿아 있는 균형 잡힌 모습.

– **클럽 위치**: 클럽이 등 뒤로 넘어가는 등 자연스러운 피니시 동작을 취하며, TTBA(삼 각형)의 연결성이 유지됨.

• **밴드의 상태:**

– **장력**: 밴드가 목(축)과 그립 사이에서 **안정적이고 균일한 장력**을 유지하며 팽팽한 상태 (저항 Zero).

– **꼬임**: 밴드의 꼬임도 자연스럽게 풀려있거나, 일정한 패턴을 유지하며 **불규칙한 비틀 림이 없음.**

• **표정**: 평온하고 자신감 있는 표정. 스윙을 완벽하게 마쳤다는 만족감 표현.

중심축 유지 + TTBA에 의한 리드   안정된 피니쉬 완성

2) '불안정한 피니시'(축 저항 발생) 예시 이미지

• **캐릭터의 자세:**

– **축의 흔들림:**

(1) **뒤로 젖혀짐:** 임팩트 후 상체가 뒤로 젖혀지며 몸의 중심이 오른발이나 뒤쪽에 남아 있는 모습.

(2) **앞으로 쏠림:** 몸이 타겟 방향으로 과도하게 쏠리거나 앞으로 넘어지려 하는 모습.

(3) **헤드업:** 머리가 일찍 들려 척추 각도가 무너지고 몸이 솟아오른 모습.

– **체중 이동 불량:** 왼발에 체중이 완전히 실리지 못하거나, 오른발이 너무 일찍 또는 과도하게 들려 균형을 잃는 모습.

– **클럽 위치:** 클럽이 몸통과 분리되어 팔로만 걷어 올리거나 어색하게 넘어간 모습.

• **밴드의 상태:**

– **장력:** 축이 흔들리거나 몸이 쏠리면서 밴드의 장력이 급격히 변화(느슨해지거나 과도하게 당겨지는)하며, 밴드의 연결성이 불안정해 보이는 모습(축 저항 발생).

– **꼬임:** 밴드에 불규칙한 **비틀림**이나 **꼬임**이 여전히 남아 있을 수 있음.

- **표정**: 불안정하고 어색한 표정. 균형을 잡으려 애쓰는 모습.

교재에서의 설명 포인트

대비 효과	제로포인트 이론과의 연결
시각적 경고	'불안정한 피니시' 이미지는 축 저항이 스윙의 끝까지 해결되지 못했을 때 발생하는 명확한 시각적 경고임을 강조.
밴드의 진단 역할	밴드의 장력 변화와 연결성이 피니시에서 축 고정 여부를 즉각적으로 알려 주는 센서임을 설명. 밴드가 불안정하다면, 스윙 어딘가에서 축 저항이 발생했음을 의미.
저항 Zero의 최종 확인	'완벽한 피니시 밸런스'는 스윙 전반에 걸쳐 3대 저항이 Zero였음을 증명하는 최종 결과물임을 강조.
피니시 훈련의 중요성	단순히 '공을 치는 것'을 넘어, 균형 잡힌 피니시까지 스윙을 완성하는 것이 일관성과 효율성을 높이는 데 필수적임을 강조.

이러한 대비 이미지는 독자들이 **제로포인트 스윙밴드**를 통해 피니시 밸런스를 스스로 점검하고, **축 저항**을 효과적으로 제거하여 **완벽한 스윙**을 완성하는 데 실질적인 도움을 줄 것입니다.

PART 5

실전 마스터:
밴드 훈련의 코스 적용과
4주 프로그램

제로포인트 스윙밴드의 원리를 마스터했다면 실전 코스적용 훈련에서의 적용방법을 훈련해야 합니다. 또한 최단 시간 내에 스윙밴드 마스터 과정을 통해 보다 쉽게 파크골프에 입문할 수 있도록 유도해야 합니다.

CHAPTER 14

코스에서의 Zero Point: 경사면/특수 상황 대응

제로포인트 스윙 이론은 평지뿐만 아니라, 코스의 다양한 경사면(Slope)과 **특수 상황**에서도 **저항Zero** 상태를 유지하고 일관성을 확보하는 데 가장 강력한 효과를 발휘합니다. 경사면에서는 **축 저항**과 **상·하 저항**이 극도로 증가하기 때문에, **제로포인트 스윙밴드**를 활용한 축 고정 원리가 더욱 중요해집니다.

1. 경사면 스윙의 기본 원칙: 지면과 몸의 평행

경사면에서 **저항 Zero** 스윙을 성공적으로 수행하기 위한 핵심은 '지면 경사와 몸의 정렬'입니다. 인위적으로 평지 스윙을 하려 하면 **축 저항**이 극대화되어 미스샷을 유발합니다.

경사면 유형	축 고정 및 몸의 정렬	Zero Point 스윙밴드의 역할
왼발 오르막 라이 (업힐라이)	**척추를 경사면과 수직**이 되도록 오른쪽으로 약간 기울입니다. 경사면이 **축**을 지지하도록 활용합니다.	밴드의 **장력**이 척추의 기울기를 일정하게 유지하고, **성급한 헤드업**과 뒷땅(Fat)을 유발하는 **상·하 저항**을 차단합니다.
왼발 내리막 라이 (다운힐라이)	**척추를 경사면과 수직**이 되도록 왼쪽으로 약간 기울입니다. 중심을 왼발에 두고 **공을 깎아 치려는 토크 저항**을 차단합니다.	밴드의 **장력**이 스윙 내내 **축의 기울기**를 강제하여, 공을 걷어 올리려 하거나(상·하 저항), 몸이 미끄러지는(축 저항) 것을 방지합니다.
발끝 오르막 라이	무릎을 평소보다 더 펴서 **척추를 세웁니다.** 클럽을 짧게 잡고 TTBA(삼각형)의 폭을 좁혀 몸통 회전에 집중합니다.	밴드의 **장력**이 TTBA의 폭을 일정하게 유지시켜 **손목이 들리는(Hooking)토크 저항**을 방지하고, '**매단**' 스윙을 유도합니다.
발끝 내리막 라이	무릎을 평소보다 더 굽혀 **척추를 숙입니다.** **클럽을 길게 잡고** 안정적인 **TTBA**를 유지합니다.	밴드의 **장력**이 **축**을 아래로 견고하게 고정시켜, 몸이 펴지는(Standing Up)**상·하 저항**을 막고 축 유지(Zero Point)를 돕습니다.

2. 제로포인트 스윙밴드를 활용한 경사면 훈련

경사면에서 **저항 Zero** 상태를 유지하려면, **밴드 장력의 변화**를 통해 축의 안정성을 확인하는 것이 필수적입니다.

훈련 1: 축 유지 감각 훈련(축 저항 제거)

- **목표**: 경사면 설정 후, 어드레스에서 **밴드 장력이 일정하게 유지**되는지 확인하며 몸을 지면 경사에 맞게 정렬합니다.
- **훈련**: 스윙 시작 시, **팔이 아닌 몸통 회전**으로만 클럽을 움직여 봅니다. 이때 밴드에 **장력의 급격한 쏠림**이 느껴진다면, 이는 스웨이(Sway)나 리버스 피벗(Reverse Pivot) 과 같은 **축 저항**이 발생했다는 신호입니다.
- **교정 효과**: 밴드의 물리적인 연결은 경사면에서 **축을 고정**하고 **몸통 회전**만을 사용하도록 강제하여, 경사면으로 인한 **축 저항**을 제거합니다.

훈련 2: '매달림' 통한 최저점 통제(상·하 저항 제거)

- **목표**: 경사면에서도 클럽을 왼팔에 '**매달아(Hanging)**' 스윙의 최저점을 일정하게 통과하도록 합니다.

- **훈련**: 다운스윙 시 **손으로 공을 맞추려 하지 않고**, **밴드의 장력**을 느끼며 클럽 헤드를 경사면을 따라 '**흔들어(Swinging)**' 줍니다.
- **교정 효과**: 특히 내리막 라이에서 밴드는 **공을 퍼 올리려는 상·하 저항**을 억제하고, 오르막 라이에서는 **뒷땅을 방지하는 안정적인 최저점** 통과를 유도합니다.

3. 특수 상황 대응: 벙커/깊은 러프 등

파크골프에서 벙커나 깊은 러프와 같은 특수 상황에서도 **제로포인트 스윙**의 원칙은 변하지 않습니다.

- **저항 Zero 상태 유지**: 클럽을 잡는 힘(그립)을 평소보다 단단히 하되, **밴드의 장력**을 통해 **TTBA와 몸통의 연결**을 더 견고하게 유지합니다.
- **릴리즈 Zero 강화**: 장애물 탈출 시 토크 저항(손목 사용)이 발생하기 쉽습니다. 왼팔 주도를 강화하여 **릴리즈 Zero** 상태로 **몸통 회전**에 의해 클럽을 통과시키면, 모래나 러프의 저항에 흔들리지 않고 일관된 궤도로 공을 칠 수 있습니다.

제로포인트 스윙밴드는 코스의 어떤 경사나 특수 상황에서도 **스윙 축**을 견고하게 지탱하고 **3대 저항**을 제로화하여, 골퍼가 **일관된 궤도**와 **정확한 거리 통제**를 유지할 수 있도록 돕는 **가장 확실한 안정 장치**입니다.

CHAPTER 15

실전 오류 진단:
훅, 슬라이스의 밴드 피드백

파크골프에서 훅(Hook)과 슬라이스(Slice)는 **일관된 방향성**을 해치는 가장 흔한 오류입니다. 이는 제로포인트 스윙 이론의 핵심인 토크 저항(Torque Resistance)이 임팩트 순간 극대화되었음을 의미합니다.

제로포인트 스윙밴드는 단순한 교정 도구를 넘어, 스윙 직후 **밴드의 꼬임과 장력 변화**를 통해 훅과 슬라이스의 근본적인 원인인 **토크 저항의 유형**을 즉각적으로 진단할 수 있는 **'물리적 진단 장치'** 역할을 합니다.

이 장에서는 훅과 슬라이스 발생 시 밴드가 어떤 피드백을 주는지 분석하고, 이를 통해 **토크 저항을 Zero**로 만드는 교정 방법을 제시합니다.

1. 훅(Hook) 발생 시 밴드의 피드백: 과도한 릴리즈(Closed Face)

훅은 공이 타겟 라인보다 왼쪽으로 심하게 휘어 나가는 현상으로, 임팩트 순간 클럽 페이스가 **과도하게 닫혔을 때**(Closed Face) 발생합니다. 이는 **인위적인 손목 조작**으로 인한 **토크 저항**의 전형적인 결과입니다.

훅 발생 시 밴드의 피드백	의미하는 토크 저항 유형	교정 원리: Zero 릴리즈
백스윙/다운스윙 중 밴드의 심한 뒤틀림	클럽 페이스의 급격한 닫힘 (Over-Rotation)	손목을 써서 클럽을 덮어 버리려는 시도를 밴드가 즉각적으로 제어합니다. 왼팔 주도 훈련을 통해 오른손의 과도한 개입을 막습니다.
임팩트 후 밴드의 느슨함	성급한 릴리즈 (Flipping)	축 저항이 동반된 상태에서 오른 손목을 너무 일찍 풀어 클럽을 던져 버릴 때 발생합니다. 밴드의 장력은 Zero 템포를 유지하여 성급한 릴리즈를 막고 TTBA 연결을 유지하도록 강제합니다.
클럽 헤드가 몸 안쪽으로 급격히 말림	인-투-아웃 궤도 + 클로징	밴드의 꼬임은 클럽을 바깥으로 밀어내어 인-투-인 궤도의 표준화를 유도하고, 과도한 인-투-아웃 궤도를 방지합니다.

- **교정 포인트**: 밴드를 착용한 상태에서 '**릴리즈 Zero**' 훈련을 강화합니다. 손목을 사용하지 않고 **몸통 회전**만으로 릴리즈가 이루어지도록 밴드의 **꼬임이 가장 부드러운 상태**를 찾는 것이 핵심입니다.

2. 슬라이스(Slice) 발생 시 밴드의 피드백: 열린 페이스(Open Face)

슬라이스는 공이 타겟 라인보다 오른쪽으로 심하게 휘어 나가는 현상으로, 임팩트 순간 클럽 페이스가 **열렸을 때**(Open Face) 발생합니다. 이는 **토크 저항**과 함께 **축 저항**이 동반되는 경우가 많습니다.

슬라이스 발생 시 밴드의 피드백	의미하는 토크 저항 유형	교정 원리: 축 고정 및 궤도 표준화
다운스윙 중 밴드의 과도한 당겨짐/쏠림	아웃-투-인(Out-to-In) 궤도 이탈	클럽을 밖에서 안으로 깎아 치려 할 때 밴드가 몸을 잡아당겨 축 저항이 발생했음을 알립니다. 밴드는 TTBA 연결을 강제하여 궤도를 인-투-인으로 되돌립니다.
임팩트 순간 밴드의 비정상적인 팽팽함	페이스를 열고 치는 조작	페이스를 열어 두고 치는 동작(슬라이스 유발)에 밴드가 저항합니다. 밴드의 꼬임은 클럽 헤드가 자동으로 스퀘어로 돌아오도록 유도합니다.
피니시 후 몸이 뒤로 젖혀짐	상·하 저항 동반	공을 퍼 올리려는 동작(헤드업, 축 저항 동반)이 클럽 페이스를 열리게 합니다. 밴드는 피니시 밸런스 훈련을 통해 축 유지를 강제합니다.

- **교정 포인트:** 밴드를 착용한 상태에서 **TTBA와 몸통의 연결** 훈련을 강화합니다. 스윙을 **몸통의 회전**으로 주도하여 **인-투-인 궤도**를 유지하고, 밴드의 장력을 통해 **축 저항**이 발생하지 않도록 **축 고정**에 집중합니다.

3. 실전 진단 요약: 밴드의 3가지 신호

코스에서 샷 직후 밴드를 확인하는 것은 **저항 Zero** 스윙을 위한 가장 **빠르고** 정확한 실전 진단법입니다.

① **밴드 꼬임의 과도한 변화(Torque Torsion):** 훅/슬라이스의 원인인 **토크 저항** 발생. → **릴리즈 Zero** 훈련 필요.

② **밴드 장력의 급격한 무너짐/쏠림(Axis Tension):** **축 저항** 또는 **템포 저항** 발생. → **수직 축 고정** 및 **Zero 템포** 훈련 필요.

③ **밴드 연결부의 불안정(Vertical Separation):** **상·하 저항** 발생. → **'매달린'** 셋업 및 **축 유지** 훈련 필요.

제로포인트 스윙밴드는 이러한 **물리적 피드백**을 통해 골퍼가 자신의 오류를 즉각적으로 진단하고, **3대 저항**을 제로화하여 코스에서도 **일관된 방향성**을 확보할 수 있도록 돕는 궁극적인 **셀프 교정 시스템**입니다.

> **KEY_POINT**
>
> 장력(텐션)과 꼬임에 의한 자가진단 피드백을 작은 스윙부터 느껴야 한다.

CHAPTER 16

Zero Point 스윙밴드 훈련드릴

| 축저항 Zero 드릴 | 한손, 양손 각 20회씩(좌, 우) 반복 |

| 상하저항 Zero 드릴 | 오른손(+밴드) → 양손 → 왼손 → 양손 |

오른손(+밴드), 왼손(오른어깨 밀어주기)

임팩 → 팔로우 → 릴리즈 똑딱이

맨손 드릴

한손 드릴_1

130 스윙밴드와 함께하는 파크골프 정석

한손 드릴_2

퍼팅 드릴

1단계 ~ 5단계 퍼팅 루틴

퍼팅 드릴   장력 + 꼬임 + 리듬   (매달고! + 흔들고! + 휘두르고!)

3대저항은 Zero + 템포(리듬)저항은 유지

그룹레슨 드릴_1

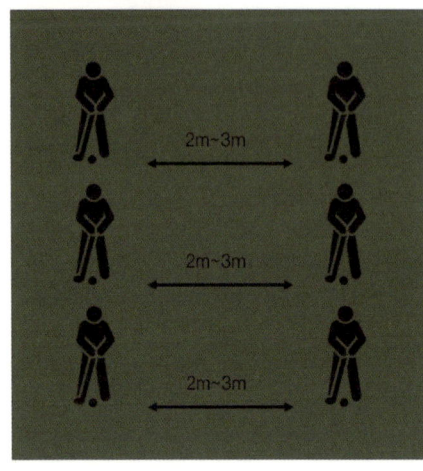

2m~3m

2m~3m

2m~3m

2인 1조 서로 주고받기

〈준비물〉 파크골프채, 공(각 개인당 1개)

〈진행방법〉

1. 2인 1조를 구성하여 2~3m 간격을 두고 마주선다.
2. 퍼팅스트로크로 상대에게 공을 보낸다.
   * 안전을 고려하여 3m 이상은 금지한다.

〈학습목표 / 기대효과〉

1. 상대 클럽 헤드로 일정하게 보낼 수 있어야 한다.
2. 정타와 에이밍 훈련을 할 수 있다.
3. 작은 스트로크에서도 스윙을 느낄 수 있어야 한다.

그룹레슨 드릴_2

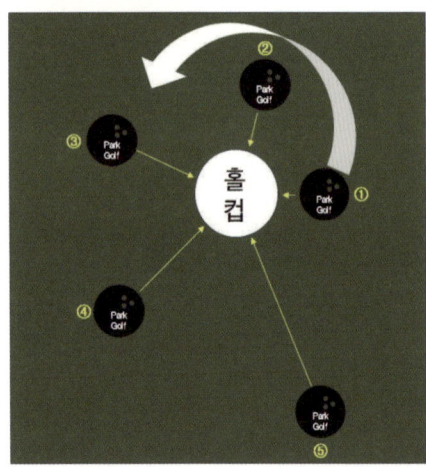

토네이도 퍼팅(1~5m)

〈준비물〉 파크골프채, 공(각 개인당 5개)

〈진행방법〉

1. 개인별 1~5m 간격의 볼을 연속으로 넣는다.
   * 실패 시 처음으로 돌아가서 재시도 한다.
   (게임의 경우 실패하면 다음턴으로 넘어간다.)
2. 제한시간은 1분 이내로 한다.

〈학습목표 / 기대효과〉

1. 정확한 에이밍과 거리조절을 할 수 있어야 한다.
2. 볼과 스트로크에 대한 집중력을 향상시킬 수 있다.
3. 샷(퍼팅)에 대한 자신감을 심어줄 수 있다.

132 스윙밴드와 함께하는 파크골프 정석

그룹레슨 드릴_3

한손 드리블 드릴(5m)

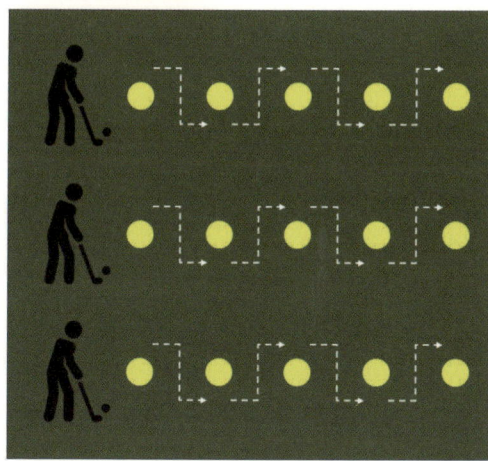

〈준비물〉 파크골프채, 공(각 개인당 1개), 꼬깔 15개

〈진행방법〉

> 1. 오른손 한손으로 그립을 파지하고 왼손은 오른손
>   손목을 잡아준다(가위모양)
>   * 실패 시 처음으로 돌아가서 재시도 한다.
>   (게임의 경우 실패하면 다음턴으로 넘어간다.)
> 2. 제한시간은 1분 이내로 한다.

〈학습목표 / 기대효과〉

> 1. 오른손목을 사용하지 않고 왼손의 힘만으로 스윙
>   을 주도할 수 있어야 한다.
> 2. 볼에 대한 터치감과 왼손 감각을 극대화한다.

그룹레슨 드릴_4

거리감 익히기 드릴(5m)

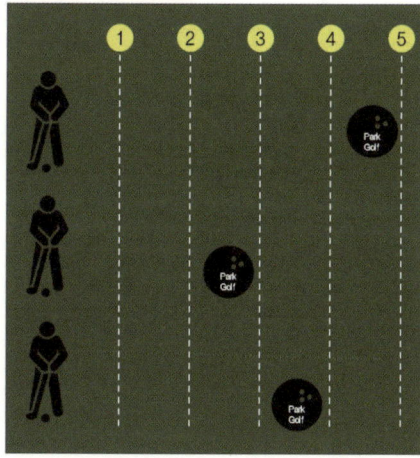

〈준비물〉 파크골프채, 공(각 개인당 2개), 꼬깔 5개

〈진행방법〉

> 1. 퍼팅으로 1~5m까지 차례대로 선을 넘지 않는 범위
>   안으로 공을 붙인다.(교관이 지정한 2개 범위)
>   * 실패 시 처음으로 돌아가서 재시도 한다.
>   (게임의 경우 실패하면 다음턴으로 넘어간다.)
> 2. 제한시간은 1분 이내로 한다.

〈학습목표 / 기대효과〉

> 1. 공을 지정된 선까지 똑바로 선을 넘지 않게 보낼 수
>   있어야 한다.
> 2. 퍼팅 스트로크 거리감각을 익히는 데 유용하다.

CHAPTER 17

Zero Point 스윙밴드 체조

1 _ 오버헤드 밴드 풀다운 (Overhead Band Pulldown)

- **등 상부 근육 강화**: 날개뼈(견갑골) 사이의 능형근과 중부 승모근을 강화 / 자세교정.
- **어깨 안정성 향상**: 어깨 관절을 감싸는 **회전근개 근육**을 자극하고 강화하여 어깨 안정성 향상.
- **자세 교정**: 특히 **말린 어깨(라운드 숄더)**와 거북목을 예방 / 교정.
- **어깨 가동성 증진**: 밴드의 저항을 이용해 어깨 관절의 가동 범위 향상.

..... 시선
..... 힘의 방향

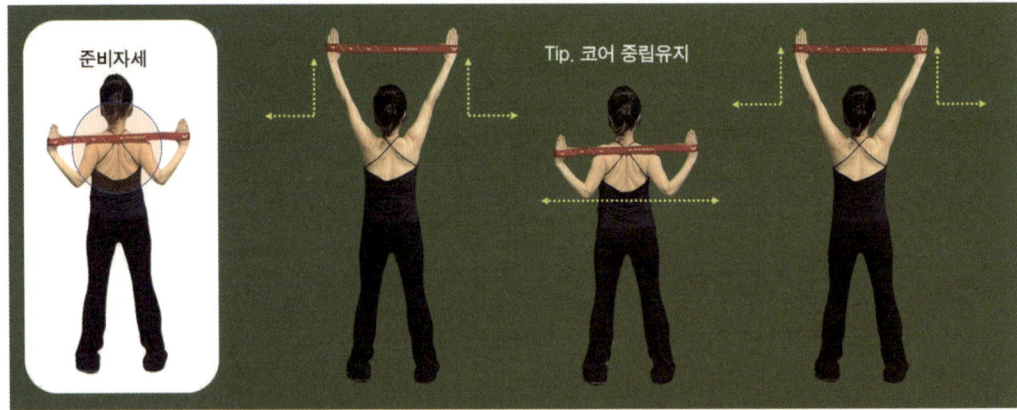

준비자세 · Tip. 코어 중립유지

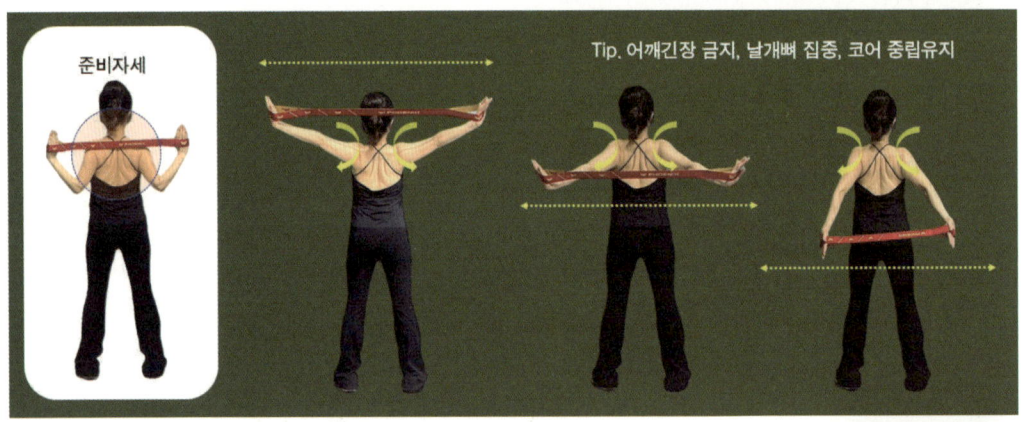

준비자세 · Tip. 어깨긴장 금지, 날개뼈 집중, 코어 중립유지

2 _ 비하인드 백 밴드 풀 어파트 (Behind-Back Band Pull-Apart)

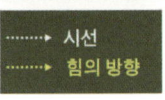

시선
힘의 방향

- **등 상부 근육 강화**: 날개뼈(견갑골) 사이의 능형근과 중부 승모근을 직접적으로 강화.
- **어깨 후면 강화**: 어깨 뒤쪽 근육인 **후면 삼각근**을 발달시켜 어깨의 균형 유지.
- **자세 교정 (라운드 숄더 개선)**: 안으로 말린 어깨를 펴주고 구부정한 등을 교정하는 데 탁월한 효과.
- **어깨 안정성 향상**: 어깨 관절을 안정시키는 **회전근개** 근육을 함께 사용하여 어깨 건강과 부상 예방.

3 _ 밴드 흉추 회전 스트레칭 (Band Thoracic Rotation Stretch)

- **흉추(등) 가동성 향상:** 뻣뻣하게 굳은 등 상부 근육을 부드럽게 회전. 스윙의 회전 범위 향상.
- **등 상부 및 어깨 스트레칭:** 밴드를 당기는 쪽의 어깨 후면과 날개뼈 주변 근육 스트레칭.
- **자세 교정:** 구부정한 등과 말린 어깨를 펴고 가슴을 여는 데 도움.
- **코어 활성화:** 몸통이 과도하게 돌아가지 않도록 골반을 잡아주는 과정에서 코어 근육이 활성화.

.... ▶ 시선
.... ▶ 힘의 방향

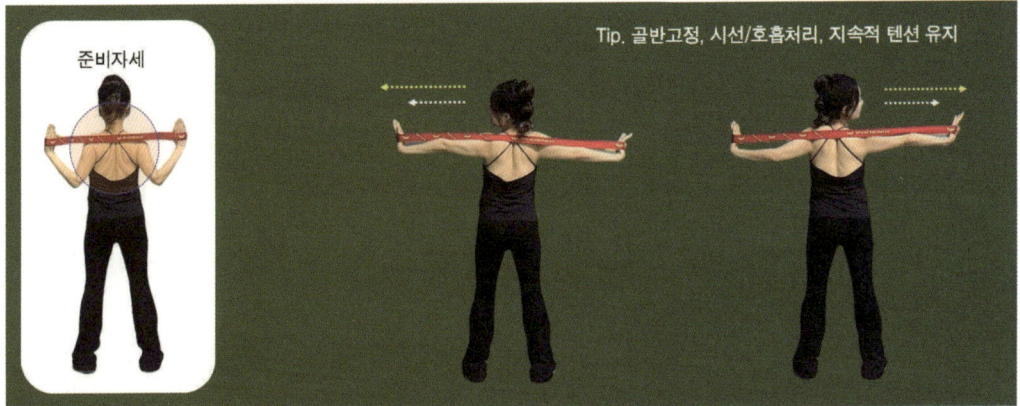

준비자세

Tip. 골반고정, 시선/호흡처리, 지속적 텐션 유지

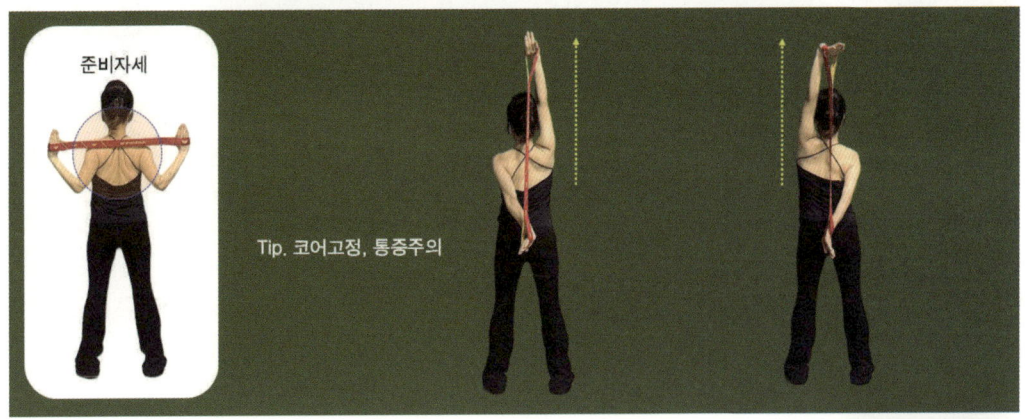

준비자세

Tip. 코어고정, 통증주의

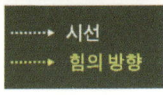

.... ▶ 시선
.... ▶ 힘의 방향

4 _ 시소 프레스 (See-saw Press)

- **어깨 근육 활성화:** 어깨 근육(삼각근)과 팔 뒤쪽 근육(삼두근)을 예열 / 활성화.
- **어깨 관절 가동성 향상:** 팔을 위아래로 교차하여 움직이며 어깨 관절의 가동 범위를 늘려줌.
- **견갑골 움직임 개선:** 날개뼈(견갑골)가 자연스럽게 상방/하방 회전하도록 유도, 움직임을 최적화.
- **협응력 증진:** 양팔을 반대로 움직이는 동작을 통해 신경근 협응력 향상.

5 _ 밴드 다이아고널 스트레칭 (Band Diagonal Stretch)

- **어깨 가동성 극대화:** 팔을 위와 옆으로 동시에 스트레칭, 어깨 관절의 가동 범위를 복합적 향상.
- **등 상부 근육 활성화:** 중부 승모근, 후면 삼각근 등 등과 어깨 후면 근육을 효과적 자극.
- **흉추(등) 가동성 증진:** '시선'이 위로 올라가는 손을 따라가면서 자연스럽게 흉추의 회전.
- **신경근 협응력 향상:** 양팔을 서로 다른 방향으로 동시에 움직이며 신체의 협응력 향상.

······▷ 시선
┄┄┄┄▷ 힘의 방향

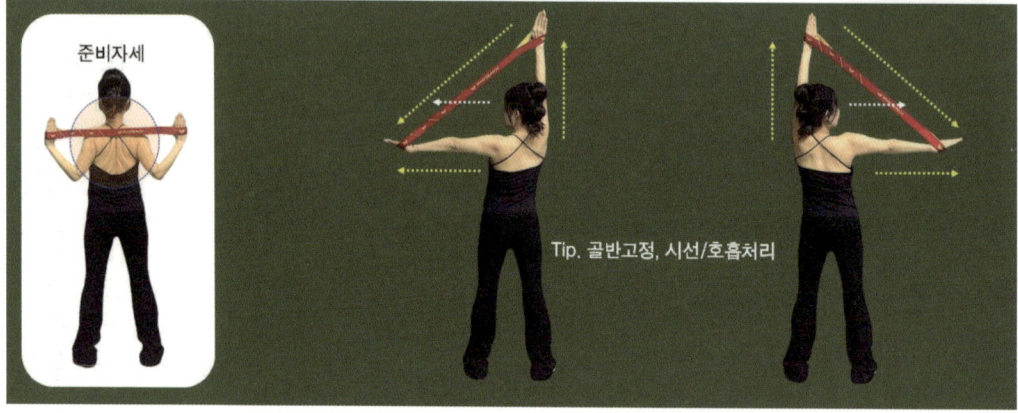

준비자세

Tip. 골반고정, 시선/호흡처리

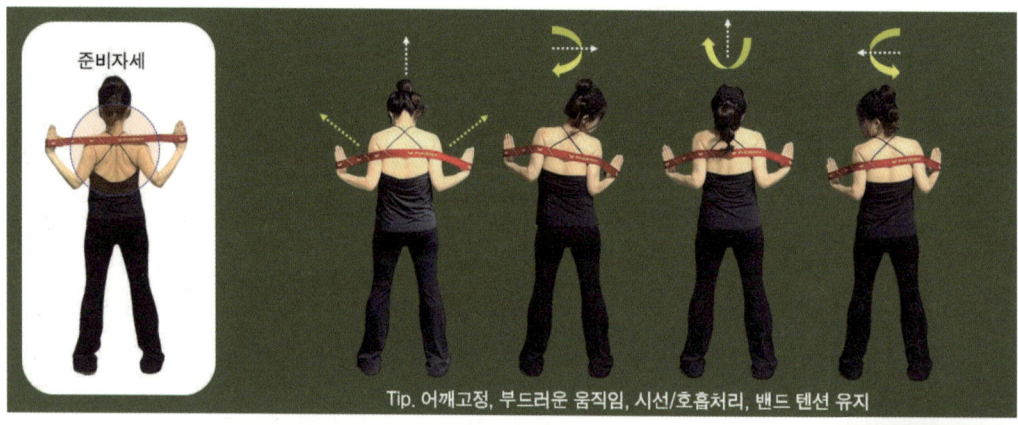

준비자세

Tip. 어깨고정, 부드러운 움직임, 시선/호흡처리, 밴드 텐션 유지

6 _ 밴드 저항 목 스트레칭 (Band-Resisted Neck Stretch)

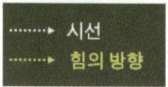

······▷ 시선
┄┄┄┄▷ 힘의 방향

- **목과 어깨 긴장 완화:** 목 주변 근육(흉쇄유돌근, 사각근, 상부 승모근 등)의 뻣뻣함을 풀어줌.
- **목 가동범위 향상:** 목을 좌우로 회전하고, 위아래로 움직이며 목 관절의 가동 범위를 개선.
- **등 상부 근육 활성화:** 밴드를 당겨 고정하는 동안 등 상부가 활성화되어, 자세교정 도움.
- **거북목 및 일자목 예방:** 굳어있는 목 근육을 풀어주어 거북목이나 일자목과 같은 잘못된 자세 교정.

7 _ 밴드 다이나믹 사이드 밴드 (Band Dynamic Side Bend)

- 옆구리 및 등 스트레칭: 옆구리 근육(외복사근, 내복사근)과 등 하부 근육(요방형근), 광배근 운동.
- 흉추(등) 가동성 향상: 밴드를 당기며 시선과 함께 몸통을 ,뻣뻣한 등 상부(흉추)의 움직임 효과.
- 코어 활성화: 몸의 중심을 잡고 원래 자세로 돌아오는 과정에서 코어 근육이 활성화.
- 어깨 및 등 근육 활성화: 밴드에 지속적인 긴장을 주며 팔을 움직여 어깨와 등 근육을 함께 사용.

```
········· 시선
········· 힘의 방향
```

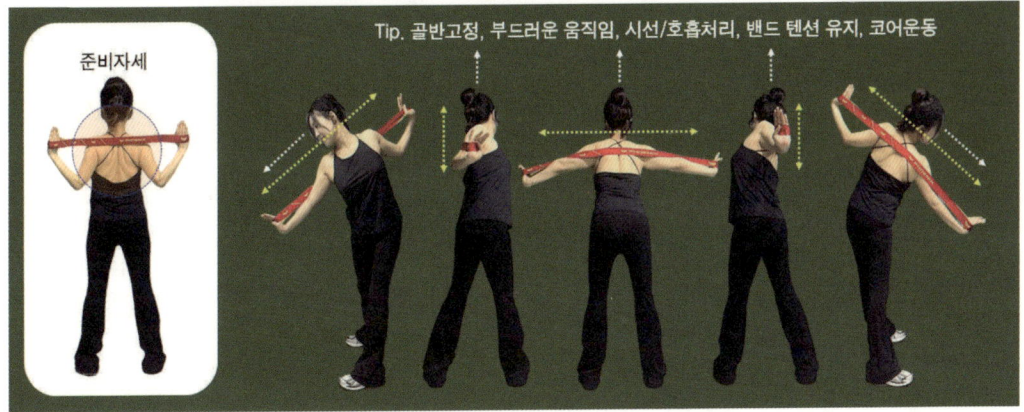

준비자세

Tip. 골반고정, 부드러운 움직임, 시선/호흡처리, 밴드 텐션 유지, 코어운동

준비자세

Tip. 하체고정, 시선/호흡처리, 밴드 텐션 유지, 어깨긴장 완화

```
········· 시선
········· 힘의 방향
```

8 _ 밴드 런지 흉추 회전 (Banded Lunge with Thoracic Rotation)

- 하체 근력 강화: 런지 동작을 통해 허벅지(대퇴사두근), 엉덩이(둔근), 햄스트링 근육 강화.
- 흉추(등) 가동성 향상: 상부(흉추)의 가동 범위를 늘려줌. 특히 골프나 파크골프 스윙의 회전력을 높이는 데 큰 도움.
- 코어 및 균형 감각 발달: 불안정한 런지 자세에서 몸통을 회전 / 코어 근육(특히 복사근)이 강하게 활성화 및 균형향상.
- 등 상부 근육 활성화: T-자세를 유지하는 동안 날개뼈 주변의 근육(능형근, 중부 승모근, 후면 삼각근)이 활성화.

9 _ 밴드 스탠딩 캣카우 (Band Standing Cat-Cow)

- **척추 유연성 및 가동성 향상**: 척추 마디마디, 뻣뻣한 등과 허리의 긴장을 풀고 척추 가동 범위개선.
- **자세 교정 및 등 통증 완화**: 굳어있는 척추 기립근과 주변 근육을 이완, 자세 교정 및 통증완화.
- **어깨 안정성 및 등 상부 활성화**: 운동 내내 밴드를 바깥쪽으로 당기는 힘으로 어깨 안정근 활성화.
- **햄스트링 스트레칭**: 마지막 상체를 숙이는 동작에서 다리 뒤쪽(햄스트링) 근육이 스트레칭.

.... 시선
.... 힘의 방향

준비자세

Tip. 척추분절, 시선/호흡처리, 밴드 텐션 유지, 날개뼈 분절

Tip. 하체고정, 시선/호흡처리, 밴드 텐션 유지, 허리보호

10 _ 밴드 런지 흉추 가동성 플로우 (Band Lunge Thoracic Mobility Flow)

.... 시선
.... 힘의 방향

- **하체 근력 및 안정성 강화**: 허벅지와 엉덩이(둔근) 근육을 강화하고 하체의 안정성 향상.
- **흉추(등) 가동성 극대화**: 가슴을 펴는 '신전' 동작을 통해 뻣뻣한 등 상부의 효과적인 가동범위 향상
- **어깨 및 등 상부 활성화**: 당기는 힘('힘의 방향')을 유지함으로써 어깨 회전근개와 등 근육 활성화.
- **고관절 유연성 향상 및 밸런스 향상**: 고관절 엉덩이 앞쪽이 시원하게 스트레칭/균형감각 발달.

#11 _ 와이드 스탠스 밴드 로테이션 (Wide-Stance Band Rotation)

- **하체 근력 강화**: 허벅지 안쪽, 엉덩이, 허벅지 앞쪽 근육을 강력하게 단련.
- **코어 근육 강화 (특히 복사근)**: 옆구리 근육을 자극, 코어의 회전력과 안정성 향상.
- **흉추(등) 가동성 향상**: 뻣뻣한 등 상부(흉추)의 회전 가동 범위를 늘림. 몸통 회전능력 개선.
- **균형 감각 및 안정성**: 불안정한 하체 자세에서 전반적인 균형 감각과 신체 안정성이 향상.

······▶ 시선
······▶ 힘의 방향

준비자세

Tip. 하체고정, 시선/호흡처리, 밴드 텐션 유지, 허벅지 안쪽 스트레칭

준비자세

Tip. 척추중립 유지, 시선/호흡처리, 밴드 텐션 유지, 난이도 조절

#12 _ 밴드 카운터밸런스 싱글 레그 스쿼트 (Band Counterbalance Single-Leg Squat)

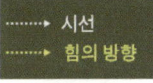
······▶ 시선
······▶ 힘의 방향

- **폭발적인 하체 근력 강화**: 지지하는 다리의 엉덩이, 허벅지 앞쪽, 허벅지 뒤쪽 근육 단련.
- **최고 수준의 균형감각 및 안정성**: 하체 안정근과 코어 근육이 폭발적 향상.
- **고관절 및 발목 가동성 향상**: 발목의 유연성(가동성)과 고관절의 가동 범위가 필수적으로 요구.
- **자세 조절 능력 향상**: 코어와 등 근육의 조절 능력이 향상.

13 _ 밴드 사이드 런지 앤 윈드밀 (Band Side Lunge and Windmill)

- **하체 유연성 극대화**: 허벅지 안쪽(내전근)**을, 허벅지 뒤쪽(햄스트링)을 효과적으로 스트레칭.
- **옆구리 및 등 스트레칭**: 옆구리(복사근)와 광배근을 시원하게 늘려줌.
- **하체 근력 및 코어 안정성**: 런지 자세를 유지를 통한 하체와 코어 근육이 안정성 향상 및 활성화.
- **전신 협응력**: 하체는 고정하고 상체는 유연하게 움직이며 전신의 협응력 발달.

준비자세

Tip. 등 펴기, 하체고정, 시선/호흡처리, 밴드 텐션 유지

준비자세

Tip. 등펴기, 하체고정, 시선/호흡처리, 밴드 텐션 유지, 통증주의

14 _ 밴드 와이드 레그 포워드 폴드 콤보 (Band Wide-Legged Forward Fold Combo)

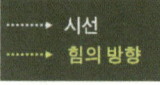

- **하체 후면 유연성 극대화**: 허벅지 뒤쪽과 허벅지 안쪽을 매우 깊고 시원하게 스트레칭.
- **흉추(등) 가동성 향상**: 뻣뻣한 등 상부(흉추)의 가동 범위를 모든 방향으로 개선.
- **어깨 및 가슴 스트레칭**: 말린 어깨(라운드 숄더)를 교정하고 굳어있던 가슴 근육(흉근)을 활짝 열어줌.
- **척추 감압 및 순환 개선**: 중력에 의해 척추 사이의 압력이 줄어들고 머리로 가는 혈액 순환을 촉진.

15 _ 밴드 댄서 포즈 스트레칭 (Band Dancer's Pose Stretch)

- **균형 감각 및 안정성 향상**: 지지하는 다리의 근육과 코어 근육, 발목 안정성이 크게 향상.
- **허벅지 앞쪽 및 고관절 스트레칭**: 들어 올린 다리의 허벅지 앞쪽과 고관절 굴곡근 스트레칭.
- **어깨 및 가슴 스트레칭**: 앞으로 뻗은 팔과 연결된 어깨, 가슴, 등 근육이 함께 열리며 스트레칭.
- **척추 유연성 및 코어 강화**: 척추의 유연성이 필요하며, 이로인해 척추 기립근과 코어 근육이 강화.

······▶ 시선
······▶ 힘의 방향

준비자세

Tip. 균형감각 유지, 시선/호흡처리, 밴드 텐션 유지, 난이도 조절

Tip. 시선/호흡처리, 밴드 텐션 유지

16 _ 밴드 어라운드 더 월드 플로우 (Band Around the World Flow)

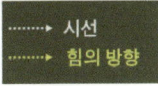

······▶ 시선
······▶ 힘의 방향

- **옆구리 및 광배근 스트레칭**: 상체를 좌우로 구부리는 측굴 동작으로 옆구리와 등 근육 이완.
- **어깨 관절 가동성 극대화**: 어깨 관절(견관절)의 가동 범위를 모든 방향으로 부드럽게 만들어 줌.
- **가슴 및 어깨 전면 스트레칭**: 말린 어깨(라운드 숄더)를 펴고 가슴 유연성을 활짝 열어줌.
- **척추 유연성 및 코어 활성화**: 구부리고 세우는 과정 반복 / 척추 유연성을 높이고 코어 근육 활성화.

준비자세

준비자세

준비자세

CHAPTER 18

[특별 부록]
Zero Point 4주 완성 훈련 프로그램

 이 프로그램은 '매달고–흔들고·휘두르는' 3가지 컨셉과 **3대 저항(상·하, 토크, 축 저항)** 제거를 목표로 하며, 교재의 각 챕터와 연계하여 구성되었습니다.

제로포인트 스윙 4주 완성 훈련 프로그램 : A안

주차	핵심 테마	목표 (Zero Point 이론)	주요 훈련 내용(밴드 활용)	교정 효과 (Zero Point 달성)
1 주 차	축 고정 & 매달림	상·하 저항 (Vertical Resistance) Zero	1. '매달린' 셋업 훈련: 왼팔에 클럽 헤드 무게를 느끼며 밴드의 최소 장력 인지 (Chapter 1, 2).	일정한 스윙 최저점 (Low Point) 확보 및 뒷땅/탑볼 방지
		축 저항 (Axis Resistance) Zero	2. 수직 축 고정 훈련: 밴드 장력을 이용해 스웨이/리버스 피벗 자가 진단 및 몸통 회전만으로 백스윙하기(Chapter 3, 4).	흔들림 없는 스윙 축 형성
2 주 차	TTBA 연결 & 시계추 궤도	축 저항 (Axis Resistance) Zero	1. TTBA 연결 훈련: 밴드 장력을 이용해 TTBA와 몸통을 일체화하여 하프 스윙 하기(Chapter 6).	일관된 궤도 및 파워 손실 최소화
		토크 저항 (Torque Resistance) Zero	2. 시계추 궤도 훈련: 밴드의 꼬임 변화를 최소화하며 인-투-인 궤도로 클럽 '흔들기' 연습(Chapter 9).	클럽 페이스 스퀘어 유지 및 슬라이스/훅 예방

3 주 차	Zero 템포 & 릴리즈 Zero	토크 저항 (Torque Resistance) Zero	1. 왼팔 주도 훈련: 오른손을 무력화하고 왼팔에 밴드 장력을 집중하며 다운스윙 하기(Chapter 7).	인위적인 손목 조작 완전 제거
		Zero 템포 (3대 저항 통합)	2. Zero 템포 훈련: 밴드 장력의 3단계(최소, 중간, 최대)를 느끼며 '하나(탑)-둘(임팩트)'의 일관된 리듬 체득(Chapter 10, 11).	스윙 일관성 및 효율성 극대화
4 주 차	완성 & 응용	3대 저항 Zero 최종 점검	1. 릴리즈 Zero 훈련: 밴드에 의해 손목이 고정된 상태에서 몸통 회전만으로 임팩트 통과하기(Chapter 12).	최적의 타격 타이밍 확립
		실전 Zero Point	2. 피니시 밸런스 점검: 피니시에서 밴드 장력의 안정성을 확인하며 3초 정지하기(Chapter 8, 13).	스윙 완성도 및 밸런스 확보
		특수 상황 대응	3. 경사면 응용: 밴드 장력을 이용해 오르막/내리막 경사에 맞는 수직 축 설정 훈련(Chapter 14, 15).	코스 적응력 및 실전 오류 진단 능력 향상

※ 수강생의 수준에 맞추어 조정가능 : 개인 / 그룹

제로포인트 스윙 4주 완성 훈련 프로그램 : B안

주차	핵심 목표	밴드 활용 컨셉	주요 훈련 내용
1주 차	축 고정: 상·하 저항 Zero	'매달기' 집중	왼팔에 밴드를 착용하고 원핸드 셋업/백스윙 반복. 축이 흔들리지 않도록 헤드업 방지 훈련
2주 차	궤도 체득: 토크 저항 Zero	'흔들기' 집중	밴드의 장력을 느끼며 시계추 스윙 반복. TTBA 삼각형을 유지하여 손목 사용을 제어하는 훈련
3주 차	거리 표준화 & 템포 체득	'흔들기' 및 3단계 장력 적용	밴드 장력 1, 2, 3단계를 설정하고 각 단계별 일정한 템포로 공을 치는 훈련. 3단계 장력/스윙 크기
4주 차	일관성 완성: 코스 실전 적용	'휘두르기' 및 저항 Zero 점검	밴드 장력 3단계 스윙 후, 밴드를 풀고 저항 Zero의 느낌을 기억하며 필드 실전 샷 연습. 경사면 셋업

프로그램 활용 가이드

- **훈련 빈도**: 주 3회 이상, 각 훈련 당 40~60분 집중 진행.
- **자가 진단**: 매 훈련 시작과 끝에 **훅/슬라이스 발생 시 밴드 피드백**을 점검하여 해당 주차의 목표 저항이 제거되었는지 확인합니다.
- **진도 조절**: 다음 주차로 넘어가기 전, 해당 주차의 목표 저항이 Zero 상태임을 몸으로 확실히 느낄 때까지 반복 훈련하는 것이 중요합니다. 특히 **축 고정**과 **TTBA 연결**이 무너지면, 모든 훈련은 처음부터 다시 시작해야 합니다.

CHAPTER 19

[특별 부록]
Zero Point 스윙 이론 점검 퀴즈

제로포인트 스윙의 이론적 기반을 명확히 하는 데 도움이 되었기를 바랍니다. 퀴즈를 통해 핵심 개념을 다시 한번 다져 보세요!

1. 제로포인트 스윙 이론에서 정의하는 '저항이 ZERO인' 접점이란, 몸에 걸리는 저항과 클럽에 걸리는 저항이 완벽하게 상쇄되는 상태를 의미합니다. 이 Zero 상태를 구현하는 밴드의 두 가지 핵심 물리적 기능은 무엇입니까?

   A. 탄성과 무게
   B. 길이와 폭
   C. 유연성과 강성
   D. 장력과 꼬임

2. 제로포인트 스윙에서 '상·하 저항(Vertical Resistance)'을 제거하기 위해 셋업 단계에서 가장 중요하게 강조하는 '매달린' 자세의 원리는 무엇입니까?

   A. 클럽을 양손으로 단단히 쥐고 팔을 편다.
   B. 클럽 헤드의 무게를 왼팔에 온전히 의지하여 중력에 의해 늘어뜨린다.
   C. 양발의 체중을 5:5로 정확하게 분배한다.
   D. 손목의 코킹을 미리 준비한다.

3. 백스윙 시 몸의 축이 회전하지 않고 좌우로 밀리는 '스웨이(Sway)' 현상은 어떤 저항에 해당하며, 제로포인트 밴드는 이를 어떻게 교정합니까?

    A. 토크 저항: 밴드가 손목 사용을 억제하여 교정한다.

    B. 원심력 저항: 밴드가 클럽 헤드의 속도를 조절하여 교정한다.

    C. 상·하 저항: 밴드가 머리의 상하 움직임을 막아 교정한다.

    D. 축 저항: 밴드가 목과 그립을 일체화시켜 몸통을 회전하도록 강제한다.

4. TTBA(Triangle of Two-Arm & Body)와 몸통의 연결이 끊어질 때 발생하는 주요 저항은 무엇이며, 이로 인해 스윙에서 나타나는 문제점은 무엇입니까?

    A. 축 저항, 파워 손실 및 스윙의 일관성이 붕괴된다.

    B. 상·하 저항, 임팩트 시 클럽 헤드의 로프트가 높아진다.

    C. 토크 저항, 스윙 궤도가 과도하게 인-투-인으로 변한다.

    D. 중력 저항, 클럽 헤드의 속도가 급격히 감소한다.

5. 왼팔 주도 훈련의 핵심 목표는 오른손 개입으로 인한 저항을 제거하는 것입니다. 오른손이 클럽을 밀거나 돌리려 할 때 밴드가 알려 주는 물리적 피드백은 주로 어떤 저항을 의미합니까?

    A. 피니시 저항

    B. 토크 저항

    C. 중력 저항

    D. 상·하 저항

6. 제로포인트 스윙에서 '릴리즈 Zero' 상태를 달성했을 때, 임팩트 후 클럽 헤드의 움직임을 가장 잘 설명하는 원리는 무엇입니까?

    A. 오른팔의 힘으로 클럽 헤드를 타겟 방향으로 밀어 준다.

    B. 손목을 사용하여 클럽 페이스를 인위적으로 닫아 준다.

    C. 임팩트 후 왼팔을 급격히 꺾어 스윙을 마무리한다.

    D. 클럽 헤드가 몸통 회전과 관성에 의해 자동으로 로테이션된다.

7. 파크골프에서 거리 통제를 위한 제로포인트 밴드 장력의 3단계 표준화 중, 밴드의 장력이 '팽팽하게 당겨지는 느낌'을 주는 '중간 장력' 단계의 스윙 크기는 무엇을 목적으로 합니까?

    A. 벙커 탈출을 위한 강한 칩샷

    B. 안정적인 중간 거리를 위한 어프로치/하프 스윙

    C. 최대 비거리를 위한 풀 스윙

    D. 정확한 방향성을 위한 퍼팅

8. 제로포인트 스윙에서 'Zero 템포'는 밴드의 장력 변화를 통해 스윙 리듬을 찾는 것입니다. 백스윙 탑에서 '하나' 리듬이 의미하는 밴드의 상태는 무엇입니까?

    A. 밴드가 느슨해져 클럽 헤드가 흔들린다.

    B. 밴드의 꼬임이 풀려 클럽 페이스가 열린다.

    C. 밴드의 장력이 갑자기 무너지며 이완된다.

    D. 밴드의 장력이 최대로 긴장하며 멈춤 없이 전환을 준비한다.

9. 경사면 스윙 시, 내리막 라이(Down-hill Lie)에서 '저항 Zero' 상태를 유지하기 위해 가장 먼저 취해야 할 축 설정 자세는 무엇입니까?

    A. 척추를 경사면과 평행이 되도록 오른쪽으로 기울인다.
    B. 척추를 경사면과 수직이 되도록 타겟 방향(왼쪽)으로 약간 기울인다.
    C. 평지처럼 척추를 지면에 수직으로 세운다.
    D. 발보다 공이 높은 라이처럼 무릎을 더 펴서 축을 세운다.

10. 피니시 밸런스 훈련에서 밴드가 목을 위로 잡아당기며 강한 저항을 느꼈다면, 이는 어떤 저항의 잔재가 스윙의 끝까지 이어졌음을 의미합니까?

    A. 토크 저항
    B. 원심력 저항
    C. 상·하 저항
    D. 축 저항

정답

1	2	3	4	5	6	7	8	9	10
D	B	D	C	B	D	B	D	B	A

에필로그(Epilogue): 저항 Zero, 일관된 스윙의 완성

제로포인트 스윙밴드 교재의 여정을 마무리하며, 우리는 "저항 Zero"라는 궁극적인 목표가 단순히 힘을 빼는 것을 넘어 **스윙의 근본적인 메커니즘을 이해하고 물리적으로 통합하는 과정**임을 확인했습니다.

제로포인트 스윙밴드는 여러분의 파크골프 스윙에 내재된 **3대 저항(축, 상·하, 토크 저항)**을 **제거**하는 **물리적 가이드**이자 **자가 진단 센서**입니다.

- **매달고(Hanging)**: 밴드의 장력을 이용해 클럽을 왼팔에 매달아 **상·하 저항을 Zero**로 만듭니다.

- **흔들고(Swinging)**: 밴드의 장력과 꼬임을 이용해 몸의 축을 중심으로 클럽을 **시계추처럼 흔들어 축 저항과 토크 저항을 Zero**로 만듭니다.

- **휘두르고(Whipping)**: 저항 Zero 상태에서 몸통 회전력을 이용해 클럽 헤드를 **최대 관성**으로 통과시켜 **완벽한 임팩트와 피니시 밸런스**를 완성합니다.

이 교재를 통해 여러분의 스윙은 복잡한 기술이 아닌, 'Zero 템포'에 맞춰 '인-투-인 궤도'를 따라 움직이는 **단순하고 반복 가능한 시스템**으로 진화할 것입니다.

'시계추스윙' 하면 모두 알고 있는 듯하지만 실질적으로 시계추 메커니즘을 구현하는 것은 굉장히 어려운 일이며, 또한 그 디테일한 원리를 보조도구로 풀어내는 것은 더더욱 어려운 일일 것이다. 스윙밴드는 아주 단순하다. 하지만 그 단순함 속에 골프스윙의 메커니즘을 모두 담을 수 있고 또한 골프에 있어 아주 기초적인 베이스를 만들어 준다. 이 기초적인 베이스는 골퍼로 하여금 많은 보상동작을 줄여 줄 것이고 이것은 곧 일관성과 스코어로 연결될 것이다.

이제 더 이상 Zero Point 스윙밴드는 단순한 보조도구가 아닌 것이다.

첫 단추가 잘 끼워져야 바른 옷맵시가 나오듯이 이제 여러분의 골프 기초는 첨단장비가 아닌 단순한 밴드 하나가 오래도록 여러분의 동반자가 될 것입니다.

자! 이제 코스에 나가 밴드와 함께 훈련한 **저항 Zero의 감각**을 믿고, 힘들이지 않는 **일관된 파크골프 스윙**을 경험하시기 바랍니다. ***그동안 애써 온 여러분 자신을 믿으십시오!***

주식회사 심촌 대표이사 황도경 with Zero To Zero GOLFLAB.

용어 해설(Glossary)

본 교재에서 사용된 핵심 용어들을 제로포인트 스윙 이론에 기반하여 정리했습니다.

제로포인트 스윙 핵심 용어

용어	정의(제로포인트 이론에서의 의미)	관련 챕터
제로포인트 (Zero Point)	스윙의 특정 순간, 몸에 걸리는 저항과 클럽에 걸리는 저항이 밴드의 장력과 꼬임에 의해 완벽하게 상쇄되어 사라진 상태. 가장 효율적이고 일관된 스윙이 가능함.	Chapter 1, 3
3대 저항	스윙의 일관성을 해치는 세 가지 주요 저항: 상·하 저항, 토크 저항, 축 저항. 밴드 훈련의 최종 목표는 이 세 가지 저항을 Zero로 만드는 것.	Chapter 3, 15
상·하 저항 (Vertical Resistance)	스윙 중 몸의 상하 움직임이나 척추 각도 변화로 발생하는 저항. 최저점을 불안정하게 만들어 탑볼/뒷땅 유발.	Chapter 3
토크 저항 (Torque Resistance)	임팩트 순간 클럽 페이스가 열리거나 닫히려는 힘으로 발생하는 저항. 훅/슬라이스의 주범. 밴드의 꼬임으로 제어됨.	Chapter 3, 12, 15
축 저항 (Axis Resistance)	스웨이나 리버스 피벗 등으로 인해 스윙의 중심축(척추)이 흔들리거나, 팔과 몸이 분리되어 발생하는 저항. 파워 손실 유발.	Chapter 3, 4
TTBA (Triangle of Two-Arm &Body)	양팔과 가슴 상부를 잇는 가상의 삼각형. 스윙 중 이 형태를 유지하여 몸통과 클럽의 일체감을 확보하는 것이 축 저항 제거의 핵심.	Chapter 6
Zero 템포	밴드의 장력 변화 주기를 통해 몸통 회전과 클럽의 움직임이 일치하는 가장 효율적인 스윙 리듬. '하나(긴장)-둘(이완/통과)'의 리듬으로 단순화됨.	Chapter 11
릴리즈 Zero	임팩트 후 클럽을 인위적으로 돌리거나 꺾지 않고 몸통 회전과 관성에 맡겨 토크 저항을 제거한 자동 릴리즈 상태.	Chapter 12

스윙 용어

용 어	정 의	관련 챕터
매달린 셋업 (Hanging Setup)	클럽 헤드의 무게를 왼팔에 완전히 맡겨 상·하 저항을 제거하고 시계추 스윙을 준비하는 어드레스 자세.	Chapter 5
스웨이(Sway)	백스윙 시 몸의 중심축이 회전하지 않고 좌우로 밀리는 현상. 대표적인 축 저항 오류.	Chapter 4
리버스 피벗 (Reverse Pivot)	백스윙 시 체중이 타겟 방향(왼쪽)에 실리며 상체가 뒤로 젖혀지는 역(逆)체중 이동 현상. 심각한 축 저항 오류.	Chapter 4
인-투-인 궤도	클럽 헤드가 타겟 라인의 안쪽(In)에서 들어와 임팩트 후 다시 안쪽(In)으로 빠져나가는 가장 이상적이고 일관된 스윙 궤도.	Chapter 9
헤드업(Head-Up)	임팩트 직후 공을 보려고 머리(축)가 성급하게 들리는 현상. 상·하 저항과 축 저항의 잔재.	Chapter 8, 13
Casting(캐스팅)	다운스윙 시작 시 손목이 너무 일찍 풀려 클럽을 던지듯 내리치는 동작. 축 저항 및 템포 저항 유발.	Chapter 7

파크골프의
새로운 패러다임을 완성하다!

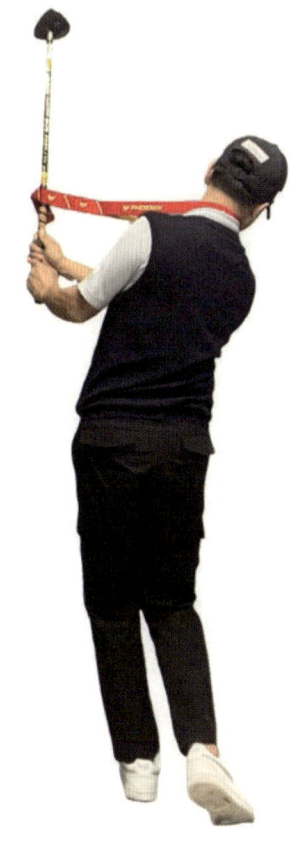

밴드 사용설명

표준 강의안

밴드 구매 링크

당신만의 Zero Point를 찾아라! 그리고 매달고! 흔들고! 휘둘러라!

Zero To Zero GOLFLAB

스윙밴드와 함께하는
파크골프 定石

ⓒ 양진영 · 황도경, 2026

초판 1쇄 발행 2026년 2월 14일

지은이   양진영 · 황도경
펴낸이   이기봉
편집   좋은땅 편집팀
펴낸곳   도서출판 좋은땅
주소   서울특별시 마포구 양화로12길 26 지월드빌딩 (서교동 395-7)
전화   02)374-8616~7
팩스   02)374-8614
이메일   gworldbook@naver.com
홈페이지   www.g-world.co.kr

ISBN   979-11-388-5420-7 (03690)